Leopold Freiherr von Neumann

Grundriss des heutigen europäischen Völkerrechts

Leopold Freiherr von Neumann

Grundriss des heutigen europäischen Völkerrechts

ISBN/EAN: 9783743458482

Hergestellt in Europa, USA, Kanada, Australien, Japan

Cover: Foto ©Suzi / pixelio.de

Manufactured and distributed by brebook publishing software (www.brebook.com)

Leopold Freiherr von Neumann

Grundriss des heutigen europäischen Völkerrechts

GRUNDRISS

DES

HEUTIGEN EUROPÄISCHEN

VÖLKERRECHTES.

VON

HOFRATH D^R. LEOP. NEUMANN

PROFESSOR DER RECHTE AN DER UNIVERSITÄT IN WIEN.

ZWEITE

VERMEHRTE UND VERBESSERTE AUFLAGE.

WIEN, 1877.

WILHELM BRAUMÜLLER

K. K. HOF- UND UNIVERSITÄTSBUCHHÄNDLER.

VORWORT.

Es ist stets ein gewagtes, um nicht zu sagen missliches Unternehmen, die ohnehin nicht geringe Anzahl von Lehr- und Handbüchern des Völkerrechtes um ein neues vermehren wollen, zumal wenn man eben nur wenig des Neuen zu sagen beabsichtigt.

Das vorliegende Buch tritt ebenfalls nicht mit der Prätension in's Leben, ein augmentum scientiarum zu bilden. Es ist einfach aus dem thatsächlichen Bedürfnisse entstanden, meinen Zuhörern einen Leitfaden für das, theoretisch wie praktisch immer mehr an Bedeutung gewinnende Studium des Völkerrechtes an die Hand zu geben. Vielleicht dürfte es nicht unbescheiden sein, die Erwartung auszusprechen, dass dieser Grundriss des heutigen europäischen Völkerrechtes auch den Anforderungen eines weitern Zuhörer- und Leserkreises entsprechen wird. Sollte diese Erwartung nicht ungegründet sein, dann ist der Zweck des Verfassers vollkommen erreicht,

und wird sein Buch nicht als eine Superfötation der
völkerrechtlichen Literatur angesehen werden.

Zudem liegt ja für den Verfasser die triftigste
Rechtfertigung seiner Arbeit, insofern es deren bedarf, in dem Umstande, dass sie nur eine zweite
Auflage der längst erschöpften ältern ist, eine zweite,
mit Rücksicht auf den Zwischenraum von zwei Jahr-
zehnten und die bedeutenden, seither eingetretenen
Wandlungen des europäischen Staatensystems vermehrte, in vielen Positionen wesentlich verbesserte
und geänderte ist.

Der Grundriss war ursprünglich zum Gebrauche
bei Vorlesungen in den k. k. Militär-Akademien bestimmt. Die gegenwärtige zweite Auflage, ob auch
im Hinblick auf einen ausgedehnteren Leserkreis in
erweitertem Rahmen bearbeitet, überschreitet dennoch
keineswegs die Gränzen eines Leitfadens.

Für den Kenner des Völkerrechtes dürfte der
Grundriss, da er die Hauptergebnisse wissenschaftlicher Forschung, beleuchtet durch die wichtigsten
geschichtlichen Ereignisse, in präciser, wir glauben
auch klarer Fassung zusammenstellt, nicht unwill-
kommene Orientirung und Uebersicht bieten.

Für den akademischen Vortrag wird das ergänzende, erläuternde, lebendige Wort des Lehrers
selbstverständlich mitzuwirken berufen sein. Kann

es doch, wie in irgend einer Disciplin, auch in der
des Völkerrechtes keineswegs die Aufgabe des Lehr-
buches oder des Lehrers sein, das Materiale, die
unendliche Fülle des Lebens zu erschöpfen, sondern
nur der sichere Wegweiser im Gebiete der Wissenschaft zu sein, die Principien derselben zu entwickeln
und fest zu begründen. Ein Leitfaden, ein Grundriss setzt wesentlich die geistige Mit- und Zusammen-
wirkung vom Lehrer und Lernenden voraus. Er
darf weder zu viel noch zu wenig bieten; aber nichts,
was wesentlich ist, darf er ausschliessen. Das richtige
Mass treffen und einhalten, das ist die nicht leichte
Aufgabe eines solchen Leitfadens der Wissenschaft,
zumal einer Wissenschaft, wie die des Völkerrechtes,
das weder codificirt noch codificirbar, aus dem vollen
internationalen Leben der Staaten hervorgeht, dasselbe regelt und von ihm die Regel empfängt. Fast
erinnert einen dieser Sachverhalt an das Wort
Voltaire's, er schreibe einen langen Brief, weil er
keine Zeit zu einem kurzen finde.

Und bei all' der lakonischen Knappheit des Leitfadens, bei der Nothwendigkeit Controversen abseits
liegen zu lassen, den Mittelweg zwischen allzu skizzen-
hafter und prolixer Darstellung einzuschlagen, muss
das System fest im Auge behalten, die organische
Gliederung des Ganzen nicht zerstört werden.

Wir waren ehrlich bemüht diesen Postulaten, die man unseres Erachtens an einen Leitfaden stellen darf, zu entsprechen. Ob es uns wenigstens theilweise gelungen ist, mag der geneigte Leser beurtheilen. Und so möge denn dieser zweiten Auflage unseres Grundrisses eine freundliche Aufnahme, wie sie ihm in seiner ursprünglichen Gestalt ward, zu Theil werden.

Wien, den 6. Jänner 1877.

L. Neumann.

INHALT.

Zweiter Theil.

Vom Rechte des Krieges.

I. Hauptstück.

II. Hauptstück.

Von der Neutralität.

III. Hauptstück.

Ende des Krieges.

Anhang.

Grundzüge des Gesandtschaftsrechtes.

EINLEITUNG.

Begründung des Begriffes des Völkerrechtes.

§. 1.

Nicht in der Vereinzelung, sondern nur im gesellschaftlichen Leben vermag der Mensch seine Bestimmung zu erreichen. Ein Robinson ging aus der Gesellschaft hervor, war glücklich in den Schooss derselben zurückkehren zu können. So weit unsere Betrachtung und die Kunde der Geschichte reicht, erscheint der Mensch als Glied einer Genossenschaft, der Familie, der Kirche, der Gemeinde, des Staates.

Recht in subjectiver Beziehung ist die Befugniss des Individuums seinen Willen als Mitglied der Gesellschaft zu bethätigen. In objectiver Beziehung ist Recht die Norm für die Verhältnisse der Glieder des Gemeinwesens zu einander und zum Ganzen, so wie für die eigenthümliche Organisation des Ganzen selbst, zugleich aber auch die äussere Ordnung und Gestaltung dieses Ganzen als solchen. Die Persönlichkeit und die Gemeinschaft sind die beiden wesentlichen Elemente jeder Rechtsordnung, jene das individuelle, diese das collective.

Damit das Recht im Privat- wie im Staatsleben zur Geltung komme, müssen diese beiden Elemente sich wechselseitig beschränkend zur harmonischen Verbindung gelangen, das individuelle, die Freiheit, und das allgemeine, die Ordnung, sich durchdringen. Die Persönlichkeit, sowohl die des Einzelmenschen, als die der moralischen oder Gesammtpersonen kann nur in einer höheren, sie umfassenden und tragenden Rechtsordnung ihre Zwecke erfüllen. Diese Rechtsordnung selbst aber ist keineswegs nur ein mechanisch gefügtes Agglomerat physischer und moralischer Personen, sie ist selbstständiger, objectiver Natur.

Recht und Moral sind insofern verschieden, als letztere auch für den Einzelnen, abgesehen von der Gesellschaft, massgebend ist, als sie sich auf den innern Menschen, seine Gesinnung bezieht, endlich nicht wie das Recht erzwingbar ist. Aber Recht und Moral sind, ob auch verschieden, in letzter Auflösung keine Gegensätze, beide als den gesammten Menschen erfassend, Bestandtheile des grossen ethischen Gebietes, der sittlichen Welt.

Die Menschheit gliedert sich in viele, unterschiedene Völker. Das Volk — im politischen nicht ethnographischen Sinne — zu einer Rechtsgemeinschaft vereinigt und organisirt, bildet den Staat. Dem Staate, als der höheren Rechtsordnung, als dem Institute zur Verwirklichung des Rechtes in einem bestimmten Volke und zur Erfüllung der Menschheitszwecke, sind alle physischen und moralischen Personen, die er umfasst, untergeordnet.

Der Staat ist eine Gesammtheit von Menschen, die unter derselben Regierung und gemeinschaftlichen Gesetzen auf einem bestimmten Gebiete zu einem sittlichen Organismus verbunden sind. Sein nächster Zweck ist sein und seiner Glieder Recht zu realisiren; sein höchster und letzter Zweck seinen Angehörigen die Erfüllung ihrer Bestimmung zu ermöglichen. Die Aufgabe des Staates ist es Freiheit und Ordnung in harmonische Verbindung zu bringen; wo jene einseitig und ausschliesslich zur Geltung kommen will, ist Anarchie, wo die Ordnung allein auf Unkosten der Freiheit waltet, ist Despotismus vorhanden. Anarchie und Despotismus sind den Staat negirende und aufhebende Gegensätze. Vielregiererei, die alles von oben regieren und reglementiren will, ist eben so verderblich als Ohnmacht und Kraftlosigkeit der Regierung. Historische Illustrationen sind die Omnipotenz des alle Selbstständigkeit, alles Gemeinde- und corporative Leben erdrückenden französischen Staatswesens seit Ludwig XIV., und anderseits die Adelsanarchie der königlichen Republik Polen.

Aber der Staat ist nicht das höchste Rechtsinstitut auf Erden, weil die Menschheit nicht in einem einzigen Staate sondern in vielen einzelnen Staaten lebt.

Diese höhere und höchste Rechtsordnung ist die internationale Rechtsordnung. Die Norm für diese internationale Gemeinschaft, für das Gesammtleben der Staaten in ihren Wechselbeziehungen, für ihren und ihrer Angehörigen Verkehr, ist das Völkerrecht oder Staatenrecht im Gegensatze zum Rechte des Einzelstaates, welches wieder in das Privat- und das innere Staatsrecht eingetheilt wird, je nachdem es sich um Rechtsverhältnisse der einzelnen physischen und moralischen Personen im Staate, oder um das Verhältniss der Regierung zu den Regierten handelt. Mit Rücksicht auf diese letztere Unterscheidung wird das Völkerrecht auch als öffentliches äusseres Recht (jus publicum externum) im Gegensatze zum öffentlichen inneren Rechte (jus publicum internum) bezeichnet. Die Franzosen nennen das Völkerrecht **droit des gens**, die Engländer **international law**. Das altrömische **jus gentium** ist keineswegs gleichbedeutend mit dem heutigen Völkerrechte und entspricht vielmehr dem, was wir internationales Privatrecht nennen. Denn es ist eine Norm für den Rechtsverkehr von Angehörigen verschiedener Staaten, gewissermassen ein aus der naturalis ratio, d. i. der inneren Natur dieser Rechtsverhältnisse geschöpftes allgemeines Verkehrsrecht, im Privat- und Völkerrechte wurzelnd, beiden Gebieten angehörend. Näheres darüber §. 9 u. ff.

Die einzelnen Staaten als solche sind Subjecte des Völkerrechtes. Die internationale, über ihnen stehende Rechtsordnung erhebt das Rechtsleben der Einzelstaaten zu einem allgemein menschlichen. Aber sie muss die Selbstständigkeit der Staaten berücksichtigen und achten.

Der Inbegriff der Hoheitsrechte des Staates wird Souveränetät genannt, die eine innere oder äussere ist, je nachdem sie im Innern des Staates oder im Verkehr mit anderen Staaten zur Wirksamkeit gelangt. Im Völkerrechte versteht man unter Souveränetät ohne Beisatz gewöhnlich die äussere Souveränetät. Die internationale Gemeinschaft muss die Souveränetät der einzelnen Staaten respectiren. Die Universalmonarchie, die Dictatur eines übermächtigen Staates ist der Gegensatz der internationalen Gemeinschaft wie der Selbstständigkeit der einzelnen Staaten. Naturgemäss tritt der einzelne Staat in der internationalen Rechtsordnung mit ver-

hältnissmässig viel grösserer Bedeutung hervor als der einzelne
Mensch im Staate, an den er von der Wiege bis zum Grabe
mit tausendfältigen Banden geknüpft ist, dem er sich intensiv
und extensiv weit mehr unterordnen muss, als der einzelne
Staat der internationalen Rechtsordnung. Der Staat hat Gesetz-
gebungsgewalt; es giebt keine solche Gewalt, die über den
Staaten stünde. Der einzelne Staat ist der internationalen
Gemeinschaft gegenüber ohne Vergleich selbstgenügsamer (ἀυ-
τάρχης) als das Individuum dem Staate gegenüber. Die Staaten
sind die unmittelbaren Träger dessen, was man als das individuelle oder subjective Princip der internationalen Rechtsordnung bezeichnen kann. Mittelbar können auch einzelne
Angehörige des Staates Subjecte des Völkerrechtes sein. Der
fremde Staat, der sie zulässt, mit dem oder mit dessen Unterthanen jene in Verkehr treten, achtet sie nicht nur als Menschen
und behandelt sie als zeitliche Unterthanen, sondern erblickt
in ihnen zunächst Glieder und Genossen eines andern Staates.
Und anderseits ist der Heimathstaat wie berechtigt so verpflichtet, die schützende Hand über seine Angehörigen all-
überall auszustrecken, für die im Rechte Gekränkten ein-
zustehen. Die Beleidigung des Einzelnen wird oft zu einer
Beleidigung des Staates, die privatrechtliche Angelegenheit zu
einer völkerrechtlichen.

Das heutige Völkerrecht wird auch vorzugsweise das
europäische genannt, weil es von den europäischen Staaten
und ihren einstigen, jetzt selbstständig gewordenen Colonien in
fremden Welttheilen geübt wird. Mit Recht heisst es auch
das christliche, weil es zunächst christliche Völker sind, die
mit einander im internationalen Verkehre stehen. Völker,
deren Bildung auf der Grundlage des Christenthums ruht,
welches als eine allgemein menschliche Religion im Gegensatz
zu den ausschliesslich nationalen Religionen und Staaten des
Alterthums wie der nichtchristlichen neueren Völker allgemeine
Menschen- und Staatenrechte anerkennt. Nur insoferne nehmen
islamitische und polytheistische Völker am europäischen Völkerrechte Antheil, als sie dessen Grundsätze anerkennen, wenigstens annähernd beobachten. Erst im Pariser Tractate 1856
wird die Türkei in das sogenannte Concert der europäischen
Staaten aufgenommen.

§. 1 (a).
Läugner des Völkerrechtes.

Eine indirecte Begründung des Völkerrechtes liegt in der Widerlegung der gegen dessen wissenschaftlichen Charakter und praktische Geltung häufig erhobenen Einwände. Man könne, heisst es, höchstens von einer Völkermoral nicht von einem Völkerrechte sprechen, denn es gebe kein für alle Völker massgebendes Gesetz, keine zwingende Gewalt zur Durchsetzung eines solchen Rechtes. Aber das Gesetz, die Satzung durch eine höhere Autorität, ist nicht die einzige Quelle des Rechtes, und als Rechtsquelle nicht mit dem Rechte selbst zu verwechseln. Das Leben in der Gemeinschaft, die Gewohnheit ist die ergiebigste Quelle des Rechtes. Aus der Interessengemeinschaft und dem Verkehre gesitteter Völker erwächst das Völkerrecht. So wenig als dieser Verkehr, kann die Thatsache, dass seit den ältesten Zeiten, zumal in der neuesten Zeit, zahllose Verträge zwischen den verschiedensten Völkern geschlossen werden, in Abrede gestellt werden, Verträge, die ja im weiteren Sinne auch füglich Völkergesetze genannt werden können.

Die Erzwingbarkeit aber gehört zur Perfection, keineswegs zum Wesen des Rechtes. Sonst müsste das Recht immer und überall erzwingbar sein, dann gäbe es überhaupt kein Recht, weder privates noch öffentliches. Und wenn behauptet wird, das Völkerrecht könne nur durch Gewalt, durch den Krieg realisirt werden, so übersieht man, dass ja das Völkerrecht im normalen, die Regel bildenden Zustande, dem des Friedens, fortwährend realisirt wird, dass aber selbst bei gestörtem Frieden, zum Kriege als dem äussersten Mittel erst geschritten werden darf, wenn alle anderen, milderen Mittel der Beilegung des Streites früher versucht und fruchtlos versucht worden sind. Wohl ist der Krieg Gewalt. Aber die Gewalt an sich ist noch kein Unrecht, sondern nur dann, wenn sie im Dienste des Unrechtes steht. Sonst müsste auch die Execution eines Urtheiles durch den Gerichtsdiener ein Unrecht sein. Doch, argumentiren die Läugner des Völkerrechtes weiter, es kann die gerechteste Sache unterliegen.

Gewiss, wenn auch selten. Völker, Staatswesen, die von der
Karte verschwinden, tragen oft den Keim des Verderbens in
sich, sind innerlich zerfallen, bevor mächtige Nachbarn von
aussen den entscheidenden Stoss führen. Und anderseits gehen
kleine, moralisch tüchtige Völker siegreich aus dem Kampfe
mit der Uebermacht hervor. Und auch abgesehen davon muss
der Friedensschluss stets geachtet werden, wie das Urtheil
des Richters, der formell noch so gerecht, oft innerlich un-
gerecht ist. Die Weltgeschichte aber ist das Weltgericht.
Allerdings ist der Völkerprocess im Kriege ein noch sehr un-
vollkommener. Aber ist nicht der heutige Civil- und Straf-
process ein anderer als jener früherer Jahrhunderte mit ihren
Gottesurtheilen, mit Tortur und Hexenverbrennungen? Und
wie weit verschieden ist das heutige Kriegsrecht, die Behandlung der Kriegsgefangenen, feindlichen Privateigenthums u. s. w.
von dem barbarischen, keine Rücksicht und Schonung von Personen und Sachen kennenden Kriegsrechte selbst der classischen
Völker des Alterthums?

§. 2.

Quellen und Wissenschaft des Völkerrechtes.

Die nächste und erste Quelle alles Rechtes ist das ver-
nünftige Bewusstsein und der Wille, nicht die Willkür, des
zur Gesellschaft bestimmten, nur in der Gesellschaft seine
Bestimmung erreichenden Menschen, also des in der Familie,
in der Körperschaft, im Staate lebenden Menschen, des Collectiv-
Individuums. Die Rechtsbildung, Rechtsentwickelung ist
eine geschichtliche Thatsache, wie die Entwickelung des
Menschengeschlechtes. Es offenbart sich aber das Bewusstsein
des Rechtes vor Allem durch die äussere Feststellung und
gleichförmige Beobachtung des allmälig zum Rechte Gewordenen,
d. i. durch die Gewohnheit. Am reichhaltigsten fliesst diese
Quelle des Rechtes im Völkerrechte. Denn die zweite Quelle
des Rechtes, das Gesetz, die Festsetzung einer Norm durch
höhere Autorität, begründet Recht nur im Staate und durch
den Staat, durch seine Angehörigen. Ueber den Staaten aber
giebt es keine legislative Gewalt, welche Normen für den
internationalen Verkehr festzusetzen befugt wäre. Verträge,

welche die einzelnen Staaten, wären deren noch so viele, unter
einander schliessen, sind Vereinbarungen von Staaten zu einem
bestimmten Zwecke, und nur uneigentlich oder figürlich, jedenfalls nur im weiteren Sinne kann man ihre Bestimmungen
Völkergesetze nennen. Es ist ein vergebliches Bemühen aus
den wenn noch so zahlreichen Staatsverträgen ein angebliches
allgemeines positives Völkerrecht zu construiren; denn Verträge schaffen jedenfalls nur für die vertragsschliessenden
Rechte, und auch für diese nur bezüglich der vertragsmässig
bestimmten Gegenstände. Anderseits ist auch die Ansicht vollkommen irrig, welche das sogenannte positive Völkerrecht
lediglich in den Staatsverträgen begründet wissen will. Die
meisten Rechte der Völker in ihrem Wechselverkehre
fliessen aus der Gewohnheit, gerade weil Gesetze im
eigentlichen Sinne des Wortes kein Recht von Staat zu Staat
begründen können.

Allerdings findet zwischen den meisten Staatsverträgen,
mögen sie auf friedlichen Verkehr, Handel, Schifffahrt gerichtet sein, oder sich auf gemeinschaftliche Kriegführung, auf
Beendigung des Krieges beziehen, eine auffallende, oft bis auf
den Wortlaut gehende Uebereinstimmung, nicht als ob die
späteren nur den älteren nachgeschrieben wären, sondern wegen
gleicher Verhältnisse und Bedürfnisse, gleicher geschichtlicher
Entwickelung, gleicher Rechtsanschauungen und Rechtsgewohn-
heiten.

Gesetze und Verträge, jene nur im Staate, diese in- und
ausserhalb desselben wirksam, schaffen nicht so sehr das Recht,
als sie das bereits gewordene Recht näher bestimmen, modi-
ficiren, klarer ausdrücken, und dadurch zu neuer Rechtsentwickelung Stoff und Anstoss geben.

Wohl giebt es Staatensysteme, namentlich Bundesstaaten,
wie die Vereinigten Staaten Nordamerikas, die Cantone der
Schweiz, das neue deutsche Kaiserreich, in welchen zufolge
ihrer vorwiegend staatsrechtlichen, oder staats- und völkerrechtlich gemischten Natur eine gesetzgebende Centralgewalt
besteht. Für fremde, ausserhalb eines solchen Staatensystems
stehende Staaten ist diese Gesetzgebung, deren Wirksamkeit
sich nur auf den inneren Verband der Gliederstaaten erstreckt,
nicht massgebend, und nicht diese Glieder, nur der Bundes-

staat als Ganzes tritt als Subject des Völkerrechtes auf. Nur
als Ganzes können die Staaten der nordamerikanischen Union
oder der Schweiz Gesandte schicken und empfangen.

Wenn Gesetz und Gewohnheit in's wissenschaftliche Bewusstsein treten, entspringt eine neue, ergiebige Quelle des
Rechtes, die Wissenschaft des Rechtes. Sie bringt die
unbestimmten, unmittelbar in's Leben tretenden Gewohnheiten
zur Klarheit und Bestimmung des theoretischen Wissens, so
wie sie die Gesetze auslegt, ordnet, auf allgemeine oberste
Grundsätze zurückführt.

In keinem Gebiete macht sich der rechtsbildende Ein-
fluss der Wissenschaft entscheidender geltend als in dem des
Völkerrechtes, im Verhältnisse unabhängiger Staaten, die keine
gesetzgebende Gewalt, keinen Richter über sich anerkennen.
Die Stelle eines zwischen Völkern mangelnden, nie möglichen
Codex juris gentium, eines internationalen Gesetzbuches ver-
treten einerseits die Gewohnheit, anderseits die auf die Praxis
veredelnd, läuternd einwirkende Wissenschaft. Die grossen
Lehrer des Völkerrechtes, von Hugo Grotius bis auf unsere
Zeit herab, sind nicht bloss theoretische Autoritäten. Ihre
Ansichten, Aussprüche der höchsten Rechtsanschauung ihrer
Zeit, sind in die Verträge und Gebräuche, in die internationale
Praxis eingedrungen. Diese geistige Macht, welche in der
Wissenschaft des Völkerrechtes, ihrer Lehre, Verbreitung und
Verbindung mit der Praxis liegt, ist doppelt heilsam und ehr-
würdig in einer Sphäre, wo nur zu oft Willkür und physische
Präpotenz nach der Herrschaft strebt. Selbst der übermüthigste
Eroberer zollt, wie der Heuchler der Tugend, dem Völker-
rechte seinen Tribut, wenn er sich bemüht, seine Gewaltschritte
durch Argumente der Völkerrechtslehrer zu rechtfertigen.

§. 3.
Behandlungsweise des Völkerrechtes.

Die Wissenschaft des Völkerrechtes kann in dreifacher
Richtung ihren Stoff behandeln: als Geschichte des Völkerrechtes; als Darstellung des in einer bestimmten Epoche
bestehenden Völkerrechtes, Dogmatik des Völkerrechtes;
endlich als Philosophie des Völkerrechtes.

Der Stoff des Völkerrechtes, wie jeden Rechtes,
kommt auf dem Wege geschichtlicher Entwickelung
zum Vorscheine. Man unterscheidet die äussere Geschichte
des Völkerrechtes von der inneren. Jene stellt die Begebenheiten der Welt- und Staatengeschichte dar, welche auf die
Entwickelung des Völkerrechtes massgebenden Einfluss nahmen;
diese ist die Geschichte der Entwickelung der Grundsätze und
Lehren, welche als leitende im Völkerrechte gelten.

Das System des positiven Völkerrechtes, die Dogmatik desselben, hat das Völkerrecht, dessen allmälige Entwickelung die Rechtsgeschichte nachweist, wie es in einer
bestimmten Epoche, bei einem oder mehreren bestimmten
Völkern erscheint, in seinem inneren Zusammenhange darzustellen.

Die Philosophie des Völkerrechtes erhebt sich über
die Betrachtung der nationalen und zeitlichen Entwickelung
des Völkerrechtes, indem sie dasselbe auf die höchsten Grundsätze zurückführt. Sie sieht von den Unregelmässigkeiten und
Zufälligkeiten, welche dem Völkerrechte einer einzelnen Periode
nothwendig ankleben, ab, und stellt das Völkerrecht, wie es
sich als Resultat der höchsten philosophischen Anschauung des
Zeitalters ergiebt, in seiner Reinheit und Allgemeinheit dar.
Wenn einerseits auch die geschichtliche Darstellung des Völkerrechtes, um nicht eine trockene Datenaufzählung zu sein,
sondern in pragmatischer Weise den ursächlichen, inneren
Zusammenhang der Begebenheiten zu entwickeln, der philosophischen Auffassung, der Zurückführung auf allgemeine Grundsätze nicht entbehren kann, und eben so die Systematik des
positiven Völkerrechtes ohne philosophische Durcharbeitung
ihres Stoffes in eine dürre, mechanische Aneinanderreihung
von Lehrsätzen ausarten würde; so ist anderseits nicht zu
übersehen, dass auch die Philosophie des Völkerrechtes ihren
Stoff der Geschichte, dem wirklichen Völkerleben entlehnt.
Aber sie stellt ihn in seiner grössten Reinheit dar, sie gliedert
und ordnet die allgemeinen, leitenden Principien, als das letzte
Ergebniss, das ihr die geschichtliche Erforschung aller ver-
flossenen Zeiten darbietet, zu einem lebenvollen wissenschaftlichen Ganzen. Jedes Zeitalter hat sein philosophisches System,
welches sich als die höchste Intelligenz der Epoche auch in

der Anschauung des Rechtes, insbesondere des Völkerrechtes
abspiegelt. Fort und fort arbeitet der menschliche Geist in
den einzelnen, auf einander folgenden Generationen an dem
grossen Werke der Erkenntniss der physischen und moralischen
Welt. Aber wie kein Zeitalter, ist kein rechtsphilosophisches
System im Besitze der absoluten Wahrheit, und kann auch
die Erforschung der höchsten Grundsätze des Völkerrechtes
nie als abgeschlossen betrachtet werden.

Die Aufgabe des vorliegenden Buches ist, das
heutige Völkerrecht der gesitteten Staaten übersicht-
lich und systematisch darzustellen, die leitenden
Grundsätze desselben mit Rücksicht auf die Bedürfnisse der Praxis und die Anforderungen der Wissenschaft auseinander zu setzen.

§. 4.

Ueberblick der Geschichte des Völkerrechtes und seiner wissenschaftlichen Bearbeitung.

Das Völkerrecht im heutigen Sinne war den antiken
Völkern mit ihrer Abgeschlossenheit nach aussen, ihrem nationalen Staats- und Religionswesen unbekannt. Nicht als ob
nicht auch unter einzelnen, zumal demselben Stamme, z. B.
dem griechischen angehörigen Völkern, Verträge und Bündnisse
geschlossen worden wären. Aber der Gedanke einer grossen,
alle Staaten umfassenden Gemeinschaft konnte bei der grund-
sätzlichen Isolirtheit der einzelnen Staaten oder dem Streben
nach Universalherrschaft, wie die der Perser, Macedonier war,
nicht Platz greifen. Abgeschlossenheit oder Krieg bis zur Vernichtung der selbstständigen staatlichen Existenz des Gegners
war die Regel, der freundschaftliche Verkehr Ausnahme.
Kriegsgefangene wurden von Rechtswegen als Sklaven betrachtet und behandelt.

Als die Beziehungen der Römer zu den Nachbarvölkern
immer zahlreicher wurden, und der Handelsverkehr, den sie
zumeist Fremden überliessen, eine Regelung dieses Verkehres,
abgesehen von dem strengen, nur auf den römischen Bürger
anwendbaren römischen Civilrechte erheischte, ward ein eigener

Richter für diesen Verkehr mit Fremden, der praetor pere-
grinus eingesetzt. Das diesen Verkehr regelnde Recht hiess
jus gentium, das irrthümlich als eine Art Völkerrecht angesehen wird, während es nur als ein allgemeines privates Verkehrsrecht anzusehen ist, dessen Bestimmungen, weil auf allgemeinen Bedürfnissen, auf der Natur der Sache beruhend,
auf den Verkehr einzelner Angehörigen der verschiedenen
Staaten, nicht auf den der Staaten selbst Bezug nahmen.
Passender könnte man schon das Fecialrecht mit dem heutigen
Völkerrechte vergleichen. Die Fecialen waren ein von Numa
Pompilius gegründetes Priester-Collegium. Sie hatten bei Ankündigung des Krieges und Friedensschlüssen zu interveniren.
Das Fecialrecht, als Inbegriff der religiösen, bei diesen Anlässen
anzuwendenden Formeln und Acte war demnach nur Kriegs-
recht, erschöpft nicht den Begriff des heutigen Völkerrechtes.

Selbst die schwachen Anfänge des Völkerrechtes bei den
Römern, deren Anwendung entfiel, als Rom die den Alten
bekannte Welt in Einem Staate umschloss, verschwanden mit
dem Untergange des abendländischen römischen Reiches und der
gleichzeitig über Europa hereinbrechenden Völkerwanderung.

Auf den Trümmern Roms gründeten die Germanen neue
Reiche, die allmälig, nachdem die Eroberer sesshaft geworden,
im Frankenreiche Carl des Grossen eine Vereinigung fanden,
unter dessen schwachen Nachfolgern wieder zerfielen. Jahrhunderte lang herrschte rohe Willkür, bis sich besonders
durch den Einfluss der geistlichen Suprematie der Päpste,
durch die Gemeinsamkeit der christlichen Religion, des Lehen-
wesens und des Ritterthums die Keime eines neuen Völkerrechtes allmälig entwickelten. War das Mittelalter ein fortwährend der Kampf des nach Einheit und Consolidirung ringenden
Staates, der Monarchie mit dem Feudaladel, so ward das sechs-
zehnte Jahrhundert, in welchem wir diesen Kampf fast in allen
europäischen Staaten zu Gunsten der Monarchie entschieden
sehen, auch entscheidend für die Neugestaltung des Völkerrechtes. Die erstarkte Monarchie konnte ihre Blicke nun nach
aussen richten, die kaum beruhigten Vasallen, und die eben
damals gebildeten stehenden, durch die neuen Feuerwaffen
doppelt furchtbaren Heere in fremden kriegerischen Unternehmungen beschäftigen. Die Erfindung der Buchdruckerei,

die mit der Pflege der classischen Literatur wieder erwachende
Gesittung, die Fortschritte des Handels, die grossartigen Ent-
deckungen in fremden Welttheilen, alles vereinigte sich die
christlichen Staaten zu neuem, erhöhtem Leben anzuregen, sie
in die vielfachsten Berührungen und Verbindungen zu bringen.
Allianzen wurden geschlossen, Handels- und Schifffahrtsverträge
eingegangen, auch bald, dem neuen Bedürfnisse entsprechend,
bleibende Gesandtschaften statt der früheren vorübergehenden,
gelegenheitlichen errichtet. Politische Systeme und Combina-
tionen entstanden und verdrängten sich; so ein System der
westlichen und südlichen, eines der nordöstlichen Staaten
Europas, beide durch das wunderlich zusammengesetzte heilige
römisch-deutsche Reich vermittelt und auseinander gehalten.
Die schwachen Staaten verbanden sich zum Schutze ihrer
Selbstständigkeit. Dem Streben nach Universalmonarchie, das
von Spanien, später von Frankreich aus die anderen Staaten
bedrohte, setzten diese im Interesse der Erhaltung des politischen
Gleichgewichtes durch Vereinigung starke Coalitionen entgegen,
so dem vierzehnten Ludwig, so in unserem Jahrhunderte
Napoleon I. Allmälig entwickelte sich bei immer steigender
und vervielfältigter Berührung der Staaten ein grossartiges,
sie alle umfassendes politisches System. Der westphälische
Friede (1648) regelte das völkerrechtliche System der west-
und mitteleuropäischen Staaten, der von Oliva (1660) das
der nördlichen Staaten; der Wiener Congress (1815) er-
richtete ein neues politisches System, wenn auch auf alten
Grundlagen.

Die geschichtliche Entwickelung der Staatenbeziehungen
seit dem sechszehnten Jahrhunderte ist auch die des neuen
Völkerrechtes, welches jene Beziehungen regelt. Dieses Völkerrecht wird zunächst von gesitteten, christlichen Völkern in und
ausser Europa geübt und beobachtet. Mit nichtchristlichen
Staaten, muselmännischen und polytheistischen, pflegen christliche Staaten allerdings Verkehr. Völkerrecht üben sie ihnen
gegenüber in dem Maasse, als jene die christliche Praxis,
wenn auch nicht dem Grundsatze so der That nach respectiren.
Vollkommene Gegenseitigkeit ist nur bei Anerkennung gegenseitigen Rechtes denkbar. Wohl wird, wie oben erwähnt
wurde, im Pariser Tractat vom 30. März 1856 die Pforte in

das sogenannte europäische Concert aufgenommen, aber die
Auffassung des Koran, der ewigen Kampf gegen die Ungläubigen zur ersten Pflicht macht, Recht und Sitte der Islamiten,
sind und bleiben, was man auch in jüngster Zeit sagen,
schreiben, auf dem Papier decretiren mag, in vollem Gegensatze zum Völkerrechte christlicher Staaten.

Die wissenschaftliche Bearbeitung des Völkerrechtes geht gleichen Schrittes mit der Gestaltung desselben,
die ja von ihr so wesentlich beeinflusst wird. Hugo Groot
(Grotius), geboren zu Delft in Holland 1583, gestorben zu
Rostock 1645, ist der Vater und Gründer der Wissenschaft
des Völkerrechtes. Seine zahlreichen Nachfolger, die aus seinem
1625 erschienenen berühmten Werke: De jure belli et pacis
wie aus einer Fundgrube schöpften, theilten sich bald in zwei
Schulen, von denen die eine mit Puffendorf und Wolff das
positive Völkerrecht läugnet, nur das philosophische, idea-
listische, das man auch das natürliche Völkerrecht nennt, anerkennt; die andere besonders durch J. J. Moser (gest. 1785)
vertreten, nur ein auf Verträgen und Gewohnheiten abgeleitetes
Völkerrecht zulässt. Die Anregung, welche diese Forschungen
gaben, veranlasste die Sammlung völkerrechtlicher Verträge,
so die Sammlungen von Dumont, Rousset, Leibnitz, Schmauss,
Wenk, endlich die neueste, noch immer fortgesetzte und reich-
haltigste, welche Friedrich von Martens am Ende des vorigen
Jahrhunderts begonnen hat. Die berühmtesten völkerrechtlichen
Schriftsteller der neuen Zeit, Martens, Saalfeld, Klüber u. A.
unterscheiden, auf dem Boden der philosophischen Anschauung
Kants stehend, zwischen dem natürlichen und positiven Völkerrechte. Jenes geht von idealen Voraussetzungen, von dem
im sogenannten Naturstande lebenden Völkern aus; dieses
beruht auf Verträgen und Gewohnheiten. Wo letztere nicht
ausreichen, soll das natürliche Völkerrecht ergänzende Richtschnur sein. Aber der angebliche Naturstand der Menschen
wie der Völker ist doch kein genügendes Fundament des
Rechtes. So weit die Betrachtung und geschichtliche Kunde
reicht, erblicken wir den Menschen in Genossenschaften und
mehr oder minder ausgebildeten Staaten. Und auch die internationale Gemeinschaft der Völker ist ein Wirkliches, Leben-
diges, nichts Abstractes, bloss im Gedanken Bestehendes. Und

auch die philosophische Betrachtung des Rechtes überhaupt
und des Völkerrechtes insbesondere behandelt einen von der
Geschichte gegebenen, geschichtlich entwickelten Stoff.
Die historische, von Savigny u. A. begründete Rechts-
schule behandelt das Recht als ein geschichtlich Gewordenes,
und betrachtet die geschichtlichen Gestaltungen desselben als
eben so viele Manifestationen, in welchen sich die Idee des
Rechtes bald dunkler, bald heller abspiegelt. Sie fasst die
Erscheinungen der geschichtlichen Entwickelung des Rechtes
in ihrem innern nothwendigen Zusammenhange von Ursachen
und Wirkungen auf. Sie erhebt sich von den einzelnen Momenten geschichtlicher Entwickelung zu den allgemeinen, dieser
Entwickelung zu Grunde liegenden und sie bestimmenden Gesetzen. Ihre Arbeit ist, weil zu den höchsten Principien auf-
steigend, eine nothwendige Vorbedingung der Rechtsphilosophie,
so wie philosophische Vorbildung unerlässlich ist zu jener
Arbeit. Noch mehr, die Endergebnisse der Forschungen des
Rechtshistorikers wie der Rechtsphilosophie, des positiven wie
des philosophischen Rechtes, müssen nach dem Gesagten zu-
sammenfallen.

§. 5.
Eintheilung des Völkerrechtes.

Man theilt das Völkerrecht gewöhnlich in das Recht des
Friedens und das Recht des Krieges ein. Diese Eintheilung ist allerdings nicht streng logisch, der hergebrachten
und wohl begründeten Eintheilung anderer Rechtsdisciplinen
nicht entsprechend. Denn man behandelt entweder das Recht
an sich, in systematischer Darstellung eines gegebenen Rechts-
stoffes, z. B. des privaten, öffentlichen Rechtes, oder die Art
der Geltendmachung desselben, als materielles und formelles
Recht. Das Völkerrecht wird aber keineswegs nur im Kriege,
in diesem vielmehr nur ausnahmsweise, in der Regel und weit-
aus zum grössten Theile im normalen Zustande des Friedens
geltend gemacht. Und auch der Begriff des Krieges als eines
völkerrechtlichen Processes ist viel zu eng gezogen, da ja
Process, Procedur im eigentlichen und weiteren Sinne mit
Formalisirung oder Geltendmachung des Rechtes gleichbedeutend ist.

Nichtsdestoweniger wollen wir die alte Eintheilung bei-
behalten, nur als dritten Theil eine skizzirte Darstellung
der Rechte und Pflichten der Gesandten, als der vorzüglichsten Organe zur Handhabung der internationalen Beziehungen hinzufügen.

Das Recht des Friedens zerfällt wieder in das Recht
der Personen, das Sachenrecht und das Obligationen-
recht der Völker.

ERSTER THEIL.

Vom Rechte des Friedens.

—

I. Hauptstück.

Vom Rechte der Personen.

§. 6.

Subjecte des Völkerrechtes.

Die Personen, welche als Subjecte des Völkerrechtes erscheinen, sind entweder moralische oder Gesammtpersonen, hier Staaten als Glieder der internationalen Gemeinschaft, oder einzelne, physische Individuen. Dazu gehören vor Allen die Souveräne mit ihren Familien; die Gesandten, endlich einzelne Staatsangehörige, welche zu fremden Staaten oder Angehörigen derselben in Rechtsbeziehungen treten, insofern sie einerseits durch den Aufenthalt in auswärtigen Staaten dessen zeitliche Unterthanen werden, dessen Gesetzen unterworfen sind, anderseits ihr eigener Staat sie allenthalben gegen Rechtskränkung und Rechtsverweigerung zu schützen wie berechtigt so verpflichtet ist, indem ja, beiläufig gesagt, öffentliche Rechte nicht wie private facultativ, sondern wesentlich obligatorisch sind. (§. 1.)

Der einzelne, ausserstaatlich lebende Mensch, wenn es solche Menschen giebt, geniesst, wenn er mit einem Staate oder dessen Angehörigen in Berührung kommt kein Völkerrecht, wohl aber das allgemeine Menschenrecht.

Erster Abschnitt.

§. 7.

Die Staaten als Subjecte des Völkerrechtes.

Nicht durch Zufall oder menschliche Willkür (Vertrag) sondern durch providentielle Anordnung ist der Staat entstanden, weil nur im Staate der Mensch seine Bestimmung erreichen kann. Nur abgeleiteter Weise, wenn z. B. ein Glied eines Staates wie Belgien, eine coloniale Dependenz, wie die einstigen englischen Colonien in Nordamerika, unabhängig wird, kann der Vertrag den Staat gründen, in neuer Form constituiren. Die Entwickelung, die innere Gestaltung des Staates ist Sache menschlicher Freithätigkeit, und mannigfach sind die Ueber-gänge, die Entwickelungsstufen vom patriarchalischen Staate des Orients zum hellenischen Königthume und Freistaate, zur römischen Republik und zum Imperatorenstaate, zum germa-nischen Lehenstaate, zur absoluten und endlich zur constitu-tionellen Monarchie.

Und ist auch der Staat dem Begriffe nach unsterblich, so vergehen doch in der Wirklichkeit die Staaten wie sie ent-stehen. Von der physischen Ausrottung oder Verpflanzung einer Staatsgemeinde, wie sie auch im Alterthume doch nur aus-nahmsweise vorkam — Tyrus, Judenvolk — ist heute wohl nicht mehr die Rede. Aber ein Staat kann in einem andern auf- und untergehen; es kann dieser Untergang ein gänzlicher oder ein theilweiser, durch Losreissung, Disjunction, Dismem-bration sein. Wie verschieden sieht die politische Karte Eu-ropas im sechszehnten Jahrhunderte und in den folgenden bis heute aus! Herrschende, tonangebende, gebietende Staaten steigen herab zu Staaten zweiten und dritten Ranges, und ander-seits steigen oft aus schwachen Anfängen, früher kaum genannte Staatswesen durch Umstände begünstigt und sie ausbeutend, zu imponirender Weltstellung empor. Kriege und Revolutionen tragen das ihrige bei, Staaten zu heben und zu stürzen.

Der Regierungsform nach unterscheiden wir mit dem alten Aristoteles nach dem Subjecte der Herrschaft: die Alleinherrschaft, Monarchie; die Herrschaft der Besten, An-

geschensten durch Geschlecht oder Reichthum, Aristokratie;
die Volksherrschaft, Demokratie. Hier ist das Volk Souverän,
giebt Gesetze allein oder durch Vertreter, regiert durch seine
gewählten, hie und da sogar auf Lebenszeit gewählten Organe,
Beamten. Aber die Monarchie kann, wenn unbeschränkt,
nicht durch verfassungsmässige Mitwirkung des Volkes be-
gränzt, in Despotie, die Aristokratie in die Herrschaft Weniger,
die Oligarchie; die Demokratie in die schlimmste aller staatlichen Missgestaltungen, in die Ochlokratie, d. i. in Pöbelherr-
schaft ausarten, aus deren Schoosse, da die Gesellschaft ohne
Ordnung und Regierung nicht leben kann, in der Regel der
Despotismus emporsteigt.

Die Fülle der Hoheitsgewalt des Staates heisst Souveränetät, eine innere, den eigenen Angehörigen gegenüber,
eine äussere, völkerrechtliche, dem Auslande gegenüber.

Man unterscheidet aber in völkerrechtlicher Beziehung
einfache und zusammengesetzte Staaten. Die Arten der
Zusammensetzung sind sehr verschieden. Der halbsouveräne
Staat, der in der Regel nur die innere Souveränetät besitzt,
dependirt als Vasall oder Beschützer von einem Suzerän oder
den Schutz gewährenden Staate. Aber der Grad der Abhängigkeit lässt je nach der geschichtlichen Entwickelung der
relativen Machtverhältnisse gar manche Abstufungen zu, die
Abhängigkeit bald eine sehr reelle, bald eine fast nur mehr
nominelle sein. Jetzt schliessen die europäischen Staaten un-
bedenklich Conventionen mit den vasallitischen Fürstenthümern
der Pforte, empfangen sogar diplomatische Agenten derselben,
ob auch ohne Einreihung in das hergebrachte Gesandten-
schema. Zu Staatenvereinen zusammengetretene, zusammengesetzte Staaten sind entweder durch unauflösliche, die Länder
selbst verbindende Realunion oder nur durch die gemeinschaftliche Dynastie und so lange diese dauert, ja nur für die
Dauer einer bestimmten Erbfolgeordnung in derselben zur
Personalunion vereinigt. Letzteres war durch mehr als ein
Jahrhundert (1714—1838) der Fall, als das Haus Hannover
auch den englischen Thron bestieg, mit der Thronbesteigung
Victoria's aber in England die cognatische Erbfolge, in Hannover die gemischte eintrat, da nach jener die Frauen der regierenden Linie den Männern der Collaterallinien vorangehen,

nach diesen die Frauen erst nach dem Aussterben sämmtlicher
Männer in allen Linien folgen können. Eine solche Personalunion besteht zwischen dem Königreiche der Niederlande und
dem Grossherzogthume Luxemburg. Stürbe das in den Niederlanden regierende Haus Nassau-Oranien aus, würde Luxemburg an die jetzt in Deutschland depossedirte Linie Nassau-
Weilburg fallen. Diess bestimmt auch das Londoner Protokoll
vom 11. Juni 1867. Eine persönliche Union bestand zwischen
Preussen und dem Fürstenthum Neuchâtel bis zu dessen 1857
erfolgten völligen Einverleibung in die Schweiz; eine solche
besteht, wohl nur noch für kurze Zeit zwischen dem Herzog-
thume Lauenburg und Preussen. Persönliche Unionen übergehen nach dem Zeugnisse der Geschichte in reale. Die
Fürstengeschlechter vereinigen sich durch Heirathen, Erb-
verbrüderungen u. s. w., weil die Länder sich zu grösserem
Staatswesen zusammenfügen wollen und müssen. So entstanden
allmälig alle Grossstaaten Europas.

Die Realunion ist übrigens mit geringerer oder grösserer
Selbstständigkeit der vereinigten Länder in Verfassung und
Verwaltung vereinbar. So im Doppelstaate Schweden-Norwegen,
der dem Auslande gegenüber nur als ein einziger Staat auftritt. Nicht Alles passt für Alle. Die skandinavische Halb-
insel, hoch im Norden bis zum Pol ausgestreckt, von Meeren
umgeben, dünn bevölkert, einem Stamm, einer Confession
angehörig, kein Zielpunkt fremden Gelüstes, kann des ener-
gischen Zusammenfassens aller Kräfte leichter entbehren als
central gelegene, von unverlässlichen, expansionslustigen Nachbarn umgebene Staaten. Die Realunion kann unbeschadet der
Beibehaltung provinzieller Eigenthümlichkeiten in der Verwaltung bis zur Fusion übergehen, so in Grossbritannien,
nachdem die Parlamente von Schottland (1707) und von Ire-
land (1801) mit dem Englands vereinigt und in Legislation
wie in Politik die vollkommenste Centralisation erzielt wurde.

Mehrere Staaten können unbeschadet ihrer Souveränetät
nach aussen, zum Zwecke der Erhaltung gemeinschaftlicher
Sicherheit und Integrität, zu einem völkerrechtlichen Bunde
(Staatenbunde) oder zu einem Bundesstaate, der ein
staatsrechtlicher Organismus ist, und dem Auslande gegenüber
als ein Gesammtstaat, als politische Einheit auftritt, vereinigt

2*

sein. Die Union ist in beiden eine im Princip reale, bleibende.
Factisch kann sie gesprengt, aufgelöst werden, wie das Beispiel des deutschen Staatenbundes 1866 nach fünfzigjährigem
Bestande beweist, wie auch Bundesstaaten, wenn das centri-
fugale Element überwiegt und den Sieg über das einheitliche,
centrale erlangt. Siegt das letztere, dann wird die Union nur
gefestigt, wie zum Glücke für die vereinigten Staaten Nord-
Amerikas nach Bewältigung des Bürgerkrieges (1861—1865).
Festigt sich das Band der Einigung, dann übergeht auch der
völkerrechtliche Staatenbund, stufenweise und in immer steigen-
dem Verhältnisse die centrale Gewalt erhöhend und erweiternd,
in den Bundesstaat. So die Schweizer Eidgenossenschaft seit 1803
durch die Phasen der Jahre 1815, 1848 und 1874. Der Bundesstaat setzt vollkommene Gleichheit seiner Staaten-Glieder voraus,
nicht Vorherrschaft oder Principat eines der Glieder. Daher
ist er wesentlich republikanisch. Der 1870 erstandene deutsche
Bundesstaat, mit der erblichen Vorherrschaft Preussens, begreift ausser den drei Hansestädten zwei und zwanzig monarchische Staaten, deren Souveränetät schon grundsätzlich beschränkt, durch die sachgemäss immer fortschreitende unifica-
torische Tendenz der Reichsgewalt immer mehr beschränkt
werden muss. Dieser deutsche Bundesstaat steht als ein Uni-
cum in der Geschichte da.

Jedenfalls besitzt der Bundesstaat, der ja selbst eine
wahre Souveränetät nicht bloss ein Agglomerat von Einzel-
souveränetäten ist, im Gegensatze zum Staatenbunde eine
wahre Centralgewalt: Executive, Legislative und auch Judicatur. In wie weit etwa die Staatenglieder das Gesandtschaftsrecht, das Recht mit dem Auslande Verträge zu schliessen,
besitzen, hängt von dem Unionspacte ab.

§. 8.
Allgemeine Rechte der Staaten als Glieder der internationalen Gemeinschaft.

Die Grundlage der wechselseitigen Staatenrechte ist ihre
Gleichheit. Alle souveränen Staaten sind ohne Rücksicht
auf ihre Machtverschiedenheit, im Grundsatze gleich, der
kleinste wie der grösste, Liechtenstein wie Russland.

Die Verschiedenheit der Macht erzeugt allerdings manche thatsächliche Ungleichheiten, bringt auch in der Praxis gewisse Zugeständnisse an die grösseren Staaten mit sich, und hat allmälig unter den europäischen Staaten ein Rangsystem geschaffen.

Staaten mit königlichen Ehren (honneurs royaux) nennt man jene, die königliche Titel, Wappen und Krone gebrauchen, deren monarchische Häupter, wenn Kaiser und Könige, sich Brüder nennen, die endlich Gesandte erster Classe, d. i. Botschafter (Ambassadeurs), senden können. Dazu gehören ausser den Kaisern und Königen, die grossen Republiken, Grossherzoge, vormals auch der Kurfürst von Hessen-Kassel, der königliche Ehren geniesst, Botschafter empfängt und schickt, auch der seit dem 20. September 1870 seiner weltlichen Herrschaft verlustige Papst.

In England spricht man officiell von einem kaiserlichen Parlament, und in jüngster Zeit (1876) hat die Königin von England den Titel einer Kaiserin von Indien angenommen, wie von jeher dieses Königreich, einst auch das königliche Frankreich im Verkehre mit den orientalischen Staaten den imponirenden kaiserlichen Titel annahm.

Staaten die nicht königliche Ehren geniessen, erweisen den oben bezeichneten Staaten gewisse Ehrenbezeugungen, z. B. bezüglich des Vortrittes (le pas), bei Unterschriften von Urkunden u. s. w.

Veränderungen in der Verfassung oder Regierungsform ändern nichts in der Rangstellung. Das republikanische Frankreich geniesst königliche Ehren wie das monarchische. Ein Herzog (Oldenburg), der anerkannter Massen Grossherzog wird, (1815), erlangt königliche Ehren. Im seltenen Falle (König von Hetrurien), wenn ein Fürst in eine niedere Rangstufe herab- oder zurücksteigt, wird er der königlichen Ehren verlustig.

§. 8 (a).
Grundrechte der Staaten.

Aus der principiellen Gleichheit der Staaten folgt:

1. Das Recht der Persönlichkeit des einzelnen Staates, d. h. das Recht als Staat zu bestehen und sich selbst zu bestimmen (staatliche Autonomie). Jeder Staat kann seine

Verfassung, Erbfolge, Titel, Wappen nach eigenem Ermessen feststellen, wofern fremde Rechte dadurch nicht verletzt werden. Carl X. von Schweden bekriegte Polen, weil dessen Könige aus dem Hause Wasa den Titel: Könige von Schweden führten. (Friede von Oliva 1660.)

Die Selbstständigwerdung eines neuen Staates ist eine geschichtliche Thatsache, und der neue Staat ist ein völkerrechtlich legitimer, insoferne durch sein Entstehen nicht die Rechte anderer Staaten verletzt werden. Die Losreissung von einem alten Staate oder Staatenvereine ist zunächst Frage des inneren Staatsrechtes, nicht des Völkerrechtes. Der alte Staat kann das sich losreissende Glied bekämpfen; fremde Staaten haben sich, wenn keine vertragsmässige Verpflichtung, keine Garantie, kein Rechtsanspruch zur Dazwischenkunft (Intervention) vorhanden ist, in den Kampf nicht einzumischen. Wenn und sobald der neue Staat als solcher bestehen kann und besteht, tritt er in die völkerrechtliche Gemeinschaft ein, übernimmt aber auch verhältnissmässig die auf ihm ruhenden Verbindlichkeiten des alten Staates. Die Anerkennung fremder Staaten einzuholen mag räthlich sein, wird im heutigen Völkerrechte oft geübt, ist aber nicht unerlässlich. Diese Anerkennung bekräftigt nur die Existenz des neuen Staates, dessen förmliche Aufnahme in die völkerrechtliche Gemeinschaft.

Das Recht auf Existenz enthält in sich das Recht auf Selbsterhaltung. Die legitime Vergrösserung eines Staates durch Entwickelung seiner inneren Hülfsquellen, durch friedlichen Erwerb, durch Eroberung in gerechtem Kriege dürfen andere Staaten nicht hindern. Hingegen versetzt das Streben nach Universalherrschaft, Dictatur über andere Staaten, Krieg führen lediglich um zu erobern, alle anderen in ihrer Selbstständigkeit bedrohten Staaten zur Vertheidigung derselben in den Fall der Nothwehr.

Das politische Gleichgewicht (équilibre politique), der Zustand, in welchem die Staaten allein oder meist verbunden, sich den Machtübergriffen und der Dictatur einzelner Gewalthaber, oder der Zerstückelung der Staaten, die wesentliche Bestandtheile des Staatensystems bilden, erfolgreich widersetzen können, ist keine Chimäre, wie Manche behaupten, die

weder Geschichte noch Politik kennen, vielmehr die einzige
Bürgschaft des Bestandes der Einzelstaaten, nicht nur derjenigen zweiten Ranges. Um dieses Gleichgewicht zu erhalten bekämpfte das vereinigte Europa die Dictatur eines
Ludwig XIV., eines Napoleon I.

2. Jeder Staat hat das Recht auf Achtung seiner
Persönlichkeit, daher ist auch jeder Staat anderen gegenüber verpflichtet, die herkömmlichen Ehrenbezeugungen zu
beobachten, sich jeden Eingriffes in die fremden Souveränetätsrechte zu enthalten. Er darf dem fremden Staate in der
Geltendmachung seines Rechtes auf Existenz keine absicht-
lichen Hindernisse entgegen stellen; er ist verpflichtet dessen
sittliche Würde zu achten. Jeder Staat, der Treue und
Glauben bewährt, darf fordern, dass man seinen Aeusserungen
Glauben beimesse.

Auch von seinen Angehörigen kann und soll der Staat
Achtung des fremden Staates, Nichtverletzung der Gesetze
desselben verlangen. Ein Vertrag zur Einschmuggelung ver-
botener oder unverzollter Waaren, beziehungsweise zur Leistung
einer Versicherung für den Fall des Aufgreifens, ist an sich
ungültig, moralisch wie juristisch unzulässig, daher vor unseren
Gerichten auf dessen Erfüllung nicht eingeklagt werden kann.

3. Das Recht auf gegenseitigen Verkehr dürfen
alle Staaten geltend machen, vorbehaltlich des Rechtes eines
jeden Staates Gesetze in Zollsachen, über Fremdenverkehr
und Passwesen zu erlassen. Vollständiges Abschliessen vom
Verkehr mit fremden Staaten, wie früher in China und Japan,
ist gleichbedeutend mit Ausschliessung von der internationalen
Gemeinschaft.

Man darf anderen Staaten die nothwendigen Verkehrs-
strassen, z. B. Meerengen, die zum Oceane führen, selbst wenn
beide Ufer im Besitze desselben Staates sind (Dardanellen)
nicht verschliessen. Umgekehrt kann ein Staat sein Verkehrsrecht vertragsmässig beschränken, nur darf solche Beschränkung nicht bis zum Aufgeben der Bedingungen staatlicher
Existenz gehen. Fremden Unterthanen kann man den Zutritt
in's Staatsgebiet gestatten oder verbieten, die Gestattung an
gewisse Bedingungen oder Beschränkungen knüpfen. Rück-

sichten der Menschlichkeit müssen stets beobachtet werden,
daher kann ein vom Sturme zugetriebenes, Rettung suchendes,
oder vom Feinde verfolgtes Schiff von unseren Häfen nicht
zurückgewiesen werden.

Einen absolut unsittlichen Verkehr, wie den Sklaven-
handel, kann der Staat seinen Angehörigen überall, und auch
Fremden in seinem Gebiete untersagen; auf dem Weltmeere
nur Angehörigen der mit uns zur Abschaffung dieses abscheu-
lichen Handels verbündeten Staaten. Londoner Vertrag vom
20. December 1841 zur Abschaffung des Sklavenhandels von
England, Oesterreich, Russland, Preussen, Frankreich geschlossen, von dem letzteren nicht ratificirt.

4. Das Recht auf Freiheit und Unabhängigkeit der
Staaten zeigt sich vorzüglich in der Territorialhoheit, d. i.
dem Rechte auf seinem Gebiete mit Ausschluss jeder fremden
Gewalt, alle Hoheitsrechte des Staates selbständig, unabhängig
auszuüben. Kein Staat kann seine Hoheitsrechte, der Justiz,
Polizei, Finanzen in fremdem Gebiete üben, daselbst Truppen
anwerben, die fremden Unterthanen zur Auswanderung ver-
locken. Einwanderer aus der Fremde aufnehmen, sie durch
verheissene Vortheile, z. B. Ländereien zur Einwanderung
ermuntern, ist dagegen eben so wenig völkerrechtswidrig, als
bereits selbstständig gewordene Bestandtheile früherer Staaten
mit sich vereinigen. Aber die modernen, beliebten Annexionen
mit angeblich freier und allgemeiner Volksabstimmung, sind
vom Standpunkte der Wissenschaft und des Rechtes eben so
wenig ernsthaft zu nehmen, als sie bei der Einverleibung einer
z. B. in gerechtem Kriege eroberten Provinz rechtlich nothwendig sind.

Verletzung der Freiheit und Unabhängigkeit fremder
Staaten ist jede unbefugte Einmischung in ihre inneren Angelegenheiten, sie mag aus was immer für einem Vorwande, als:
Bedrückung, Religionsverfolgung von Nations- oder Glaubens-
verwandten stattfinden. Vorstellungen und Bitten bleiben un-
verwehrt; was mehr ist, lässt sich nicht rechtfertigen, denn
auch ein an sich nicht ungegründetes Verlangen soll nur durch
gerechte Mittel gerechtfertigt werden.

§. 9.

Collisionsfälle der Gesetze und Rechte verschiedener Staaten.

In dem Verkehre von Staaten und ihren Angehörigen kommen häufig Souveränetät des einen und des anderen Staates, nicht minder die verschiedenen Gesetzgebungen in Berührung, oft auch in Gegensatz. Das Völkerrecht hat auch für solche Fälle von Collisionen Normen der Entscheidung aufzustellen. Zuvörderst sind die Hauptgrundsätze des internationalen Privatrechtes, als des Inbegriffs von Regeln zur Beurtheilung von Fällen der Collision der Gesetzgebungen verschiedener Staaten zu erörtern. Daran schliesst sich die Lehre von Dienstbarkeiten oder Servituten des Völkerrechtes, endlich von Interventionen, als der am weitesten gehenden Beschränkung der staatlichen Souveränetät.

Vom internationalen Privatrechte.

§. 10.

1. Vom Fremdenrechte überhaupt.

Der Staatsgewalt in jeder Beziehung unterworfen sind die durch eheliche Geburt oder bleibenden Aufenthalt, durch Eintritt in die Dienste des Staates ihm als Unterthanen verbundene Individuen. Uneheliche Kinder folgen der Staatsunterthänigkeit der Mutter, erlangen die des Vaters mit der Legitimation durch spätere Vermählung der Aeltern. Ehefrauen erlangen stets die Staatsbürgerschaft des Mannes.

Zeitliche nur im beschränkten Sinne so zu nennende Unterthanen sind Fremde, die bei uns kürzere oder längere Zeit, ohne die Absicht in den Staatsverband einzutreten, verweilen, oder bei uns Grundstücke besitzen (Forense).

Das Anrecht und der Schutz des Heimathstaates erstreckt sich auch über seine im Auslande weilenden Angehörigen. Er kann sie zum Waffendienste oder zur Erfüllung anderer Bürgerpflichten zurückberufen (jus avocandi), ohne dass jedoch der fremde Staat, von dahin abzielenden Verträgen abgesehen, dazu positive Unterstützung zu leisten hat. Er lässt ihnen seinen Schutz gegen Rechtskränkung oder Rechtsverweigerung angedeihen, und versagt der fremde Staat Abhilfe, so tritt der Heimathstaat für seine Angehörigen in die Schranken; aus der ursprünglichen Verletzung eines Privaten wird eine Rechtsverletzung eines Staates, für die im Wege Völkerrechts Genugthuung verlangt werden kann.

Der abwesende Unterthan schuldet dagegen dem eigenen Staate Ehrfurcht und Gehorsam und bleibt in allen rein persönlichen Beziehungen, in Allem, was die Fähigkeit, Rechtshandlungen zu unternehmen (faculté personelle), was Familien- und Staatsbürgerstand (état civil) betrifft, den vaterländischen Gesetzen unterworfen.

Kein gesitteter Staat verweigert heutzutage den sich gehörig legitimirenden, unverdächtigen Angehörigen fremder Staaten, die mit ihm in friedlichem Verkehre stehen, den Eintritt in sein Gebiet. Zum Behufe der Zurücksendung ausweisloser verdächtiger Vagabunden in ihre Heimath bestehen zahlreiche Verträge zwischen den europäischen Staaten.

Der Fremde geniesst den Schutz der ihn aufnehmenden Staatsgewalt, deren Civil-, Straf- und polizeilichen Gesetzen er seinerseits zu gehorsamen verpflichtet ist, sowie er auch den betreffenden ausländischen Gerichten untersteht. Nur fremde Souveräne und diplomatische Personen (Botschafter, Gesandte, Geschäftsträger), dann Kriegsschiffe in fremden Häfen, sowie durchziehende Truppenkörper geniessen Exterritorialität, d. h. unterstehen nicht den Gesetzen und Gerichten des Auslandes.

Der Ausländer kann im fremden Staate nur den Genuss bürgerlicher, nicht politischer Rechte, welche an die Staatsbürgerschaft geknüpft sind, beanspruchen, und werden nach heutigem Völker- und Civilrechte, so nach dem österreichischen bürgerlichen Gesetzbuche §. 33, die Ausländer in Betreff des Genusses bürgerlicher Rechte mit den Einheimischen nach dem Princip formeller Reciprocität auf gleichem Fusse behandelt. Das Gegentheil wäre unbillig und berechtigte andere Staaten zur Erwiederung (Retorsion).

Fremde, welche unbewegliches Besitzthum erwerben wollen, müssen erstlich die auch dem Inländer diesfalls vorgeschriebenen Bedingungen erfüllen, oder die dazu erforderlichen Eigenschaften besitzen, und unterstehen, insoferne sie den Wohnsitz in ihrem Vaterlande behalten, nur mit dem Besitzthume, nicht mit ihrer Person der Hoheit des Staates, in welchem jenes liegt. Sogenannte Sujets mixtes, welche Besitzungen in mehreren Staaten haben, können doch nur einem als Unterthanen im vollen und eigentlichen Sinne des Wortes angehören, da man nur einem Vaterlande mit der ganzen, ungetheilten Persönlichkeit zu leben und zu dienen vermag.

Persönliche Steuern, welche die Person als solche, ohne Rücksicht auf Besitz und Erwerb, zu zahlen hat, können von Fremden nicht verlangt werden, wohl aber die auf unbeweglichem Besitzthume haftenden, und unterstehen Fremde bezüglich des letzteren auch der Real-Gerichtsbarkeit des Auslandes.

Nach Erfüllung aller ihm obliegenden Verbindlichkeiten darf der Fremde unbehindert wegziehen, in seine Heimath zurückkehren, ohne für sein mitgenommenes Vermögen eine Abzugssteuer entrichten zu müssen. Die Verlassenschaft eines im Auslande verstorbenen Fremden darf nicht zum Nachtheile seiner testamentarischen oder gesetzlichen (Intestat-) Erben eingezogen werden, denn das mittelalterliche Fremdlingsrecht (droit d'aubaine) ist von allen gesitteten Staaten aufgehoben. Noch mehr, es bestehen zwischen den meisten Staaten Verträge, nach welchen Verlassenschaften überhaupt, also auch von Staatsangehörigen, ohne Abschossgeld (droit de détraction) in's Ausland übertragen werden dürfen, und selbst ohne solche Verträge werden Verlassenschaften ausgefolgt, gegen das Versprechen gleicher Behandlung in ähnlichem Falle (reversalia de observando reciproco).

§. 11.

2. Anwendung der Justizhoheit des Staates auf Fremde.

Die persönliche Fähigkeit, Rechtsgeschäfte zu unternehmen, richtet sich stets nach den Gesetzen des eigenen Vaterlandes und kann auch im Auslande nur nach diesen beurtheilt werden (§. 4 des österreichischen bürgerlichen Gesetzbuches). Ausnahmen, wie z. B. bezüglich der Fähigkeit wechselrechtliche Verpflichtungen einzugehen (Artikel 84 der österreichischen Wechselordnung) müssen gesetzlich bestimmt sein.

Was Sachen betrifft, gilt jetzt allgemein im Völkerrechte der Grundsatz, dass bewegliche Sachen, welche als der Person folgend, ihr anklebend betrachtet werden, nach dem persönlichen Gesetze des Eigenthümers zu beurtheilen sind. Da aber gewisse, physisch bewegliche Sachen als Zubehör unbeweglicher Sachen, durch das Gesetz des Landes, in welchem letztere belegen sind, als mit ihnen untrennbar verbunden erklärt, so zu sagen juristisch immobilisirt werden, so entscheidet bezüglich dieser beweglichen Sachen das Gesetz der Belegenheit (lex rei sitae).

Unbewegliche Sachen, Liegenschaften, sind stets nach dem Gesetze des Territoriums, in dem sie liegen, zu beurtheilen, also auch die Bedingungen ihrer Erwerbung, Belastung und Veräusserung.

Die Gültigkeit eines Rechtsgeschäftes, wodurch Rechte begründet, verändert, befestigt oder aufgehoben werden, hängt, abgesehen von der persönlichen Fähigkeit, es einzugehen, von dem Gesetze des Landes ab, in welchem es Rechtswirkungen hervorbringen soll und kann. Wenn jedoch ein Rechtsgeschäft in einem Lande eingegangen, in einem andern, dessen Gesetze nichts Ausschliessliches und Eigenthümliches diesfalls vorschreiben, zum Vollzuge gelangen soll, ist die Gültigkeit desselben nach dem Gesetze des Ortes zu beurtheilen, in welchem das Geschäft eingegangen wurde (Locus regit actum).

Die Form des Rechtsgeschäftes richtet sich dem Herkommen gemäss stets nach dem Gesetze des Ortes, wo es eingegangen wurde, z. B. ob eine notarielle Urkunde, eine gewisse Anzahl von Zeugen erforderlich ist.

Handelt es sich um eine richterliche Entscheidung in Angelegenheiten, bei denen eine der Parteien oder beide Ausländer sind, so gilt der Grundsatz, dass die Zuständigkeit (Competenz) des Richters, sowie das bei Gericht zu beobachtende Verfahren (Procedur) und die anzuwendenden Beweismittel sich lediglich nach den Gesetzen des Staates richten,

in welchem die Rechtssache anhängig gemacht wird. Wenn
processualische Acte, z. B. Zeugenverhöre, Einsicht in Han-
delsbücher, in einem fremden Staate vorgenommen werden
müssen, werden nach völkerrechtlichem Gebrauche sogenannte
Requisitions- oder Ersuchsschreiben zu diesem Behufe
an die ausländischen Gerichte erlassen.

Die in einem Staate gefällten Urtheile können in einem
anderen nur mit dessen Gestattung vollstreckt werden.
Zahlreiche Verträge sind zu diesem Zwecke von den verschiedenen Staaten geschlossen worden. Die Vollstreckung erfolgt
auf ein darum ansuchendes Requisitionsschreiben und nach
geschehener Prüfung, ob das Urtheil nicht seinem Inhalte nach
den Gesetzen des Staates unter jeder Voraussetzung wider-
spricht. Ein Urtheil z. B., das die Habhaftwerdung eines
flüchtigen Sklaven anbefiehlt, könnte in Oesterreich nicht vollstreckt werden, da nach unserem Gesetze ein Sklave schon
durch das Betreten des österreichischen Bodens frei wird.

Schiedsrichterliche Urtheile sind, wenn die Schiedsrichter frei gewählt werden, wie Verträge zu beurtheilen, da
ja das schiedsrichterliche Urtheil in diesem Falle einem Ver-
gleiche der Parteien gleich zu achten ist. Werden die Schiedsrichter zufolge gesetzlicher Bestimmung gewählt, dann gilt von
ihrem Ausspruche das früher von richterlichen Urtheilen Gesagte. Das Richteramt ausser Streitsachen (juridiction
volontaire, non contentieuse), z. B. in Vormundschafts-, Cura-
telssachen, bei nicht streitigen Verlassenschaften, wird über
Fremde nach den Gesetzen des Landes, in dem sie sich auf-
halten, geübt. Die persönliche Eigenschaft, die Statusfrage,
z. B. ob der Fremde als Minderjähriger anzusehen sei, wird
nach seinem heimathlichen Gesetze beurtheilt.

§. 12.
3. Strafrechtspflege über Fremde.

Die Strafrechtspflege des Staates kann sich nur auf Verbrechen beziehen, die im Inlande von In- oder Ausländern,
im Auslande von den unter der Herrschaft unserer Gesetze
stehenden Inländern, oder selbst von Ausländern gegen die
Existenz unseres Staates, dessen Credit oder Verfassung

begangen werden. Es giebt sogar Staaten, die, wie Oesterreich, den im Inlande ergriffenen Ausländer für alle Verbrechen, die er überhaupt im Auslande begangen, strafen.

Kein Staat ist verpflichtet, einen anderen in Ausübung der Strafrechtspflege zu unterstützen, flüchtige Verbrecher auszuliefern. Aber des wechselseitigen Interesses wegen, und damit Verbrechen nicht ungestraft bleiben, haben sehr viele mit einander im Verkehre stehende Staaten Verträge zur Auslieferung von Verbrechern, insbesondere auch Deserteuren, geschlossen. Diese Verträge beziehen sich entweder auf Auslieferung wegen sämmtlicher Verbrechen, oder nur wegen gemeiner Verbrechen, mit Ausschluss der politischen, oder sind darin die Verbrechen, welche zur Auslieferung Anlass geben, genau, taxativ specificirt.

Kein Staat liefert seine eigenen Unterthanen aus. Er soll und kann sie selbst strafen.

Die Auslieferung erfolgt über Requisitionsschreiben und, nachdem vor Allem die Identität der Person constatirt worden, auf Grund beigebrachter Beweise, die auch im fremden Staate hinreichenden Anlass zur Versetzung in den Anklagestand bieten würden. Der Auszuliefernde wird gegen Ersatz der Kosten bis an die Grenze des requirirenden Staates gebracht, und von dessen Organen übernommen. Durch dritte Staaten kann er nur mit deren Genehmigung transportirt werden. Ohne specielle Conventionen ist kein Staat zur Annahme einer angebotenen Auslieferung verpflichtet. Allerdings kann man aber einen gefährlichen Fremden in seine benachbarte Heimath zurückversetzen und an der Wiederkehr verhindern.

§. 13.

Von Staatsdienstbarkeiten (Servituten).

Staatsdienstbarkeiten sind Beschränkungen des Hoheitsrechtes eines Staates, der zu Gunsten eines anderen Staates etwas zu dulden oder zu unterlassen verpflichtet ist, was er sonst weder zu dulden noch zu unterlassen verpflichtet wäre. Unwesentlich ist, ob der berechtigte Staat als solcher und unmittelbar oder durch ihn seine Unterthanen des Vortheiles der Servitut theilhaftig werden. Servituten, die im Dulden, Zugeben bestehen, heissen affirmative, die im Unterlassen bestehen, negative.

Man spricht auch von natürlichen, geographischen Servituten, die z. B. aus der Lage eines enclavirten Landes hervorgehen, welches ohne ein Durchzugsrecht im umschliessenden Gebiete vom Verkehre mit der Aussenwelt ganz abgeschnitten wäre. Aber diese sogenannten natürlichen Servituten sind nur eine Folge des Eigenthumsrechtes, des Rechtes auf Existenz und ihre Bedingungen. Ihre nähere Bestimmung und Verwirklichung erlangen sie erst durch Verträge. Wirkliche Servituten des Völkerrechtes beruhen auf Verträgen.

Im Zweifel über den Umfang einer Servitut ist die Vermuthung für den Verpflichteten, wird nicht der grössere, sondern der geringere Umfang der Servitut angenommen. Denn Servituten sind Beschränkungen der Hoheitsrechte des verpflichteten Staates. Die Vermuthung streitet aber für die Souveränetät oder Hoheitsfülle des Staates, welche die Regel bildet, und die Beschränkung, hier also die grössere Beschränkung, muss als eine Thatsache von dem sie beanspruchenden Berechtigten nachgewiesen werden.

Die völkerrechtliche Servitut muss von einem Eigenthumsoder anderen Rechte, das einem Staate etwa im Gebiete des andern nach Privatrecht zusteht, wohl unterschieden werden, da letzteres nach den bürgerlichen Gesetzen des Landes, jene nur nach völkerrechtlichen Grundsätzen zu beurtheilen ist, weil der berechtigte Staat die Servitut wie sein Hoheitsbefugniss und als solches im fremden Gebiete übt.

Aber die Verpflichtung besteht anderseits nur im Dulden oder Unterlassen, nicht in einer positiven Leistung. Servitus in faciendo consistere non potest.

Durch Verjährung, d. i. durch langen Gebrauch ohne Widerspruch des anderen Staates kann keine völkerrechtliche Servitut erworben werden. Eine Verjährungsfrist kann nur von einem Gesetzgeber, der ja zwischen und über Völkern nicht besteht, festgesetzt werden. Von einer Verjährung im Sinne des Civilrechtes kann somit bei völkerrechtlichen Servituten keine Rede sein. Inwiefern überhaupt im Völkerrechte von einer Verjährung, als dem Institute, welches das Eigenthum gegen permanente Angriffe schützen soll, die Rede

sein kann, wird weiter unten in der Lehre vom Eigenthum
erörtert.

Servituten erlöschen durch Auflösung des sie grün-
denden Vertrages; durch Untergang des Gegenstandes, an dem
sie haften; durch Consolidation, d. i. Vereinigung des berechtigten und verpflichteten Staates; aber nicht durch blosse
Regierungs- oder Verfassungsänderungen, denn Staaten sind
unsterblich, vom Wechsel der Staatsformen unabhängig.

Zahlreich sind die Beispiele von völkerrechtlichen
Servituten. Am häufigsten kommen die Wege- oder Durch-
zugsservituten, Etapenrechte, vor; ferner das Besatzungsrecht
in fremden Staaten, wie es früher Oesterreich in Ferrara,
Comacchio, dann einigen deutschen Bundesfestungen hatte;
das Recht freier Schifffahrt für die Uferstaaten, wie auch für
dritte Staaten vom Meere in den Strom. Die vertragsmässige
Bestimmung des Londoner Vertrages vom 13. Juli 1841, bestätigt im Pariser Vertrage vom 30. März 1856, dass die Pforte
die Meerengen der Dardanellen und des Bosporus Kriegsschiffen verschliessen kann, ist keine Servitut, sondern vielmehr als Erneuerung der sogenannten ancienne règle de la
porte ottomane von den Grossmächten feierlich anerkannt
worden. Eine negative Servitut war es, die Frankreich 1815
auferlegt wurde, die Festungswerke von Hüningen nicht wieder
aufzubauen, wie ähnlicher Weise im Pariser Tractate vom
Jahre 1856 Russland die Servitut der Nichtwiedererbauung
der Seefestung von Sebastopol, ihm wie der Pforte die Beschränkung der Zahl der Kriegsschiffe auf dem schwarzen
Meere zur Pflicht gemacht wurde. Russland erklärte 1870,
diese Servitut nicht mehr tragen zu wollen, und in demselben
Jahre willigten die Mitunterzeichner des Pariser Tractates in
die Aufhebung derselben.

§. 14.

Vom Interventionsrechte.

Principiell hat kein Staat das Recht, sich in die Ver-
fassungs- oder Regierungsangelegenheiten, oder auch in die
völkerrechtlichen Verhältnisse anderer Staaten zu mengen.

Die Nichtintervention bildet die Regel, das Interventionsrecht die nur durch bestimmte Gründe zu rechtfertigende Ausnahme, und Rechtsgründe müssen es sein, nicht bloss Motive der Klugheit oder Convenienz.

Was die Form der Intervention betrifft, kann sie entweder eine Intervention im eigentlichen Sinne sein, wenn der fremde Staat zunächst im eigenen Interesse, als Hauptpartei eintritt, oder eine blosse Cooperation, Mitwirkung, Hülfeleistung, z. B. zu Gunsten einer Partei im Bürgerkriege, eines Prätendenten in einem Erbfolgestreite. Es kann aber auch drittens eine sogenannte präventive Intervention zur Abwendung einer uns durch einen fremden Staat oder dessen Parteifehde drohenden Gefahr stattfinden.

Zur eigentlichen Intervention wird ein Staat berechtigt und verpflichtet in Folge vertragsmässiger Gewährleistung (Garantie) einer bestimmten Verfassung oder eines bestimmten Rechtes, wenn er von dem anderen Staate dazu aufgefordert wird. Besonders tritt dieser Fall im Staatenbunde oder im Bundesstaate dem Zwecke der Bundesverfassung gemäss ein, wenn die Integrität oder staatliche Existenz eines Bundesgliedes angegriffen wird.

Ein Recht zur Intervention ist ferner vorhanden, wenn durch Verfassungsänderungen eines Staates die wohlerworbenen Rechte des Intervenienten, z. B. auf eventuelle Erbfolge verletzt würden.

Nicht minder ist es gestattet, gegen die unbefugte Einmengung eines Staates in die inneren Angelegenheiten eines anderen zu interveniren, rücksichtlich den dadurch bedrohten oder verletzten Staat zu schützen.

In Fällen, wo die Intervention an sich begründet ist, darf der dazu berechtigte Staat eben so wenig als irgend ein sein Recht geltend machender Staat alsogleich zum Kriege schreiten, der als äusserstes Mittel der Selbsthülfe erst dann eintreten kann, wenn alle anderen Mittel versucht und vergeblich versucht worden sind. Gegen gefahrdrohende Veränderungen in einem anderen Staate müssen zuerst die Mittel gütlicher Verständigung und Abhülfe versucht werden. Dann können Vorbeugungs- und Schutzmassregeln ergriffen werden, z. B. Aufstellung eines Beobachtungscorps an der Grenze. Finden

ausgedehnte Rüstungen des anderen Staates ohne anderweitige
Veranlassungen statt, so ist man berechtigt über den Zweck
derselben Anfrage zu stellen, welcher nach völkerrechtlichem
Gebrauche die Antwort nicht verweigert werden kann.

Ausser den angeführten Gründen zur Intervention — und
nur von der eigentlichen Intervention, nicht von der Cooperation ist hier zunächst die Rede, welche in die Lehre von den
Verträgen und Allianzen einschlägt — giebt es keine andern,
und selbst die ungerechteste, drückendste Regierung in einem
fremden Staate berechtigt zu nichts mehr als zu gütlichen
Vorstellungen und freundschaftlicher, nicht bewaffneter Dazwischenkunft, im äussersten Falle zum Abbrechen des Verkehres mit jenem Staate.

Dass bei einem innern Kriege gestattet ist, dem in seinem
Rechte gekränkten Theile beizustehen, ist an sich nicht in
Abrede zu stellen. Aber in der Praxis erheischt solche Mit-
wirkung Unterstützung eines Theiles, welche oft mit ernsten
Folgen für den Hülfeleistenden verbunden ist, besonders mit
Rücksicht auf die Pflicht gegen das eigene Land, besonnene,
reife Ueberlegung.

Eben so wenig bedarf es eines Beweises, dass in einem
grossen Staatensysteme, mit eng verschlungenen, solidarischen
Gesammtinteressen aller Staaten, wie dieses in Europa besteht,
einem dieses System und das darauf basirte Gleichgewicht
bedrohenden Kriege durch vereinigte Kräfte der übrigen
Staaten vorgebeugt oder ein Ziel gesetzt werden kann. Ein
unmenschlicher Vertilgungskrieg, dessen Ende nicht abzusehen,
dessen verderbliche Folgen wie verheerende Flammen in das
Gebiet der Nachbarstaaten herüberschlagen, berechtigt wie
einst der griechische Freiheitskampf, wie jetzt, wo wir diese
Zeilen schreiben (1876) der Racen- und Religionskrieg von
Südslaven und Türken zweifelsohne zur Intervention sämmtlicher, vor allem der zunächst betheiligten Grossstaaten. Menschlichkeit, Staatsklugheit, Recht, können, sollen hier im Bunde
gehen. Zahlreiche, um nicht zu sagen allzu zahlreiche Beispiele
von Interventionen bietet uns die neuere und neueste Geschichte.

Die Intervention Preussens in den Niederlanden 1787,
die durch nichts gerechtfertigt war, die Niederlande in Frank-

reichs Arme warf. Die revolutionäre und bewaffnete Propaganda
des Convents provocirt 1792 eine europäische, freilich gescheiterte
Intervention. Die dreimalige Intervention und dreimalige Theilung im Königreiche Polen. Die Congresse von Troppau, Laibach,
Verona autorisiren Interventionen wegen Einführung neuer,
constitutioneller Staatsformen, führen österreichische Armeen
nach Piemont und Neapel, eine französische nach Spanien.
Um das Gleichgewicht Europas trotz der Trennung Belgiens
von Holland 1831 zu erhalten, interveniren, wie sie ausdrücklich
erklären, die Grossmächte bei der Gründung des neuen Königreiches, wie schon 1827, dann 1830 England, Frankreich und
Russland bei der Neubildung eines Königreiches Griechenland.
England allein intervenirt 1826 in Portugal, seine Verfassung
zu schirmen, mit Frankreich im Jahre 1834 zu Gunsten Isa-
bellas in Spanien und Donna Marias in Portugal. Wiederholt
interveniren 1833 und 1840 die Grossstaaten im Kampfe der
Türkei gegen den rebellischen Vasallen in Egypten, das letzte
Mal erst unter nachträglichem Beitritte Frankreichs. Noch
immer gilt die Erhaltung der osmanischen Herrschaft als ein
Hauptziel europäischer Staatskunst. Die Türken in Europa,
vor nicht gar langer Zeit noch der Schrecken des Welttheiles,
leben heute vom Schutze und der Intervention Europas.

Zweiter Abschnitt.

§. 15.

Die Souveräne als Subjecte des Völkerrechtes, ihre per-
sönlichen und Familienverhältnisse.

Im monarchischen Staate ist der Monarch im Allein-
besitze der Souveränetät, ohne Unterschied, ob die monarchische
Gewalt ihm unbeschränkt zusteht, oder Stände, Volksvertreter
bei der Ausübung gewisser Souveränetätsrechte, zumal der
Gesetzgebung zur Mitwirkung berufen sind, die wohl eine
Beschränkung aber keine Theilung der begrifflich untheilbaren
Souveränetät involvirt. Auch der Wahlmonarch ist eben so
souverän wie der erbliche, mag er durch die agnatische (rein

männliche), gemischte oder cognatische Erbfolge zum Throne
gelangen. Die Erwerbung der Souveränetät ist eine legitime, wenn sie ohne Verletzung eines bestehenden Rechtes
oder mit Zustimmung der dabei Betheiligten erfolgt ist; im
entgegengesetzten Falle ist sie illegitim, usurpirt. In völkerrechtlicher Beziehung jedoch hält man sich, insofern keine
Berechtigung zur Intervention vorhanden ist, ohne sich über
die Rechtsfrage auszusprechen, ohne den rechtmässigen An-
sprüchen etwaiger Prätendenten nahe zu treten, an den thatsächlichen Besitzer und Ausüber der souveränen Gewalt,
schliesst mit ihm Verträge, empfängt von ihm Gesandte und
schickt ihm solche. Eine ausdrückliche Anerkennung der, sei
es neu gegründeten, sei es durch Erbfolge überkommenen
Souveränetät, ist nicht nothwendig. Dagegen ist Notification
einer Thronbesteigung und Beglückwünschung eines neuen
Souveräns nach heutigem Völkerrechtsbrauche üblich. Das Fundament der völkerrechtlichen Stellung der Souveräne
(von Halbsouveränen, die nur die innere Souveränetät unter
einem Suzerän besitzen, ist hier nicht die Rede), ist die grund-
sätzliche Gleichheit derselben in ihren Wechselbeziehungen.

Dem Souverän gebührt die allseitige Vertretung des
Staates dem Auslande gegenüber. Wo das Volk wie in der
Republik der Souverän ist, übt dieses Recht in dessen Namen
und Auftrage der Chef der Executive (Präsident). Der Souverän hat das active und passive Gesandtschaftsrecht, d. h. er
schickt und empfängt Gesandte, schliesst Verträge mit dem
Auslande, befehligt als Kriegsherr die Streitkräfte des Staates,
erklärt Krieg, schliesst Frieden. Unbeschadet ihrer Gleichheit haben die Souveräne das Recht, die ihnen nach völkerrechtlichem Herkommen zustehenden Titel und Wappen zu
führen. Mehrere Titel sind kirchlicher Art, vom Papste in
früheren Zeiten verliehene. Dieser selbst wird Heiligkeit zu-
benannt, nennt sich demuthsvoll Servus Servorum dei. Kaiser
und Könige werden mit Majestät angesprochen. Der türkische
Kaiser führt noch ausserdem die Titulaturen eines Padischah
(Hoheit), eines Beherrschers der Gläubigen (Islamiten). Grossherzoge, wie auch früher der Kurfürst von Hessen-Kassel
werden königliche Hoheit, die deutschen Herzoge seit 1844
Hoheit benannt. Kirchliche Titel sind: Der allerchristlichste

König, der erstgeborne Sohn der Kirche (d. i. der römisch-
katholischen, denn schon vor Chlodowig, dem 496 Getauften, gab
es christliche aber schismatische, namentlich arianische Könige
der Germanen, z. B. der Vandalen), wie die Könige von Frankreich hiessen. Der katholische König von Spanien, die aller-
getreueste Majestät von Portugal, die apostolische von Oesterreich,
die einstige eines Rex Orthodoxus von Polen, alle diese sind vom
Papste verliehene Titel, selbst die eines Defensor fidei, welche
König Heinrich VIII. von England von Papst Leo X. für sein
gegen Luther geschriebenes Buch de septem sacramentis erhielt,
und, was noch merkwürdiger ist, beibehielt und seinen Nachfolgern überlieferte, nachdem er von dem vertheidigten katholischen
Glauben und Primate abfiel. Republiken, speciell die grösseren,
die Schweiz inbegriffen, wie Föderationen werden allerdurch-
lauchtigst oder durchlauchtigst, serenissima respublica titulirt.

Von Gottes Gnaden nennen sich die meisten Souveräne,
unter den jüngsten — im Sinne staatlichen Alters — von Gottes
Gnaden und durch die Wahl des Volkes. Napoléon par la grâce
de Dieu et la volonté du peuple français Empereur u. s. w.

In fremdem Gebiete ist der Souverän exterritorial,
d. h. er untersteht weder den Gesetzen noch der Gerichtsbarkeit
des fremden Staates, und wird, wenn er nicht das Incognito
behält, mit dem seiner Würde und völkerrechtlichen Stellung
entsprechenden Ceremoniel empfangen und behandelt. Besitzt
er im fremden Lande unbewegliches Eigenthum, so zahlt er
die davon entfallenden Steuern, untersteht bezüglich dieses
Eigenthumes der Realjurisdiction. Gegen seine Person, die
mitsammt der beweglichen Habe keiner Besteuerung unterliegt,
kann aus keinem wie immer beschaffenen Grunde eine Execution
geführt werden.

Ueber sein Gefolge kann der Souverän im Auslande
keinerlei Jurisdiction ausüben, keine Strafsentenz vollziehen.
Die abgedankte Königin von Schweden, Christine musste Frankreich räumen, als sie ihren Stallmeister Monaldeschi durch
ihre Hofherren richten, durch ihre Leibwache hinrichten liess.
Solche Handlungsweise ist eben so völkerrechtswidrig und
heut zu Tage unmöglich, wie die Judicatur eines Monarchen
über den andern, über einen Richard Löwenherz, eine Maria
Stuart.

§. 16.

Die Familie des Souveräns.

Die erste Stelle in der Familie des Souveräns nimmt seine Gemahlin ein. Eine Fürstin, die zufolge Erbrechtes, aus eigenem Rechte herrscht, hat alle Rechte des Souveräns, ihr Gemahl, heisse er nun the queens consort oder prince consort, ist eben nichts weiter als Gemahl der regierenden Fürstin, der erste Unterthan seiner Gemahlin.

Die Gemahlin des regierenden Monarchen — natürlich abgesehen von einer bloss morganatischen Ehe — nimmt nächst ihrem Gemahle die erste und höchste Stelle ein, in der Dynastie wie im Hofstaate und völkerrechtlichen Ceremoniel. Sie geniesst Rang und Titel ihres Mannes, heisst Majestät, wenn der Mann es ist. Der Gemahl einer selbst regierenden Königin wird nicht Majestät titulirt, nur in Portugal, wenn die Königin ihm einen Sohn oder eine Princessin gebiert. Wenn Wilhelm III. von Oranien, der Gemahl der berechtigten Königin Maria, König von England wurde, so ward er es als Mitregent seiner Gemahlin, und durch Parlamentsbeschluss in Folge der Revolution von 1688 und nach Absetzung seines Schwiegervaters Jakob II.

Die Familienmitglieder von Kaisern (in Oesterreich Erzherzoge und Erzherzoginnen, in Russland Grossfürsten und Grossfürstinnen) führen den Titel kaiserliche, die von Königen königliche Hoheit. In grossherzoglichen Häusern heissen sie Hoheit. Jedoch wird auch in diesen Häusern dem präsumtiven Thronfolger, wenn er zugleich Sohn oder Enkel des regierenden Fürsten ist, in vorhinein die königliche Hoheit gegeben. Die Erbprinzen führen ausserdem oft verschiedene Titel, so im alten Frankreich der Dauphin, so noch jetzt in England der Prinz von Wales (Prince des Galles), in Spanien Prinz von Asturien (Prince des Asturies), in den Niederlanden Prinz von Oranien, in Schweden Prinz von Gothland. Titellos ist der Thronfolger in der Türkei, stets nach dem Gesetze des Seniorates der im Alter dem regierenden Sultan zunächst stehende Prinz des Hauses Osman. Alle souveränen Familien sind ebenbürtig, wenn nicht ein Erbfolgegesetz, wie das russische nur Ehen mit „im Purpur Geborenen" vorschreibt. Ludwig XV.

von Frankreich heirathete Maria, die Tochter des polnischen
Wahlkönigs Stanislaus Leszczyński. Nach dem 14. Artikel
der deutschen Bundesacte vom 8. Juni 1815 sind auch die
Glieder der mediatisirten — bis zum Jahre 1806 reichsstän-
dischen — Familien den souveränen Häusern ebenbürtig.
Diese Bestimmung, wie überhaupt diejenigen Stipulationen der
deutschen Bundesacte, die nicht rein völkerrechtlicher Natur
sind, die jura quaesita einzelner Personen und Classen betreffen,
sind auch durch den Prager Frieden vom 23. August 1866,
welcher den deutschen Bund als solchen auflöste, nicht aufgehoben worden.

Zur Vermählung der Mitglieder souveräner Familien bedarf es in der Regel der Einwilligung des Souveräns, als des
Familienoberhauptes, hie und da, wie in Spanien, auch des
Parlamentes. Alle Mitglieder der regierenden Familie sind
Unterthanen des Souveräns. Ein Mitregent, ein Reichsverweser während der Minderjährigkeit oder andauernden
Krankheit des Souveräns, geniesst mit Ausnahme des Titels
gleiche Rechte mit dem Souveräne. Wann eine Regentschaft
stattfindet, so wie über die Grossjährigkeit des Souveräns,
welche in der Regel früher als die des bürgerlichen Rechtes
eintritt, bestimmt das innere Staatsrecht der einzelnen Staaten.

Die privatrechtlichen Verhältnisse des Souveräns
und der souveränen Familien werden nach den allgemeinen
bürgerlichen Gesetzen beurtheilt, insofern nicht für die inneren
Familienbeziehungen, Apanagen, Heirathsgut, Pflichttheil, Vor-
mundschaften, eigene Familienstatute (Privatfürstenrecht) bestehen. In diesem Sinne sagt auch das österreichische bürgerliche Gesetzbuch §. 20: „Auch solche Rechtsgeschäfte, die
das Oberhaupt des Staates betreffen, aber auf dessen Privateigenthum, oder auf die in dem bürgerlichen Rechte gegründeten Erwerbungsarten sich beziehen, sind von den Gerichts-
behörden nach den Gesetzen zu beurtheilen".

§. 17.
Verlust der Souveränetät.

Die persönliche Souveränetät geht bleibend verloren durch den Tod, durch Abdankung, durch die in Folge

Friedensschlusses oder eines andern völkerrechtlichen Vertrages erfolgte Vereinigung eines Staates mit einem andern Staate; nur vorübergehend (vorbehaltlich der Rechte und im Falle des Wiedereintrittes des legitimen Souveräns in den verlornen Besitz, des Postliminiums) durch Usurpation.

Die Rechte abgedankter oder vertriebener Souveräne in fremdem Lande werden durch Herkommen und Schicklichkeit bestimmt. So lange man die letzteren als legitim anerkennt, kann man sie auch als solche behandeln, bis man sich, wie Ludwig XIV. im Utrechter Frieden bezüglich des Prätendenten, des Sohnes Jakob II. von England, verpflichtet, die neue Dynastie anzuerkennen. Jedenfalls wird man das Unglück und die frühere erhabene Stellung achten. In Oesterreich hat der Herzog von Bordeaux das privilegirte Oberst-hofmarschall-Gericht der Exterritorialen; in England fanden Ludwig Napoleon — später Napoleon III. — wie die Bourbone der älteren Linie und Ludwig Philipp, nicht minder geflüchtete französische Republikaner ein gastliches Asyl.

Die völkerrechtlichen Verbindlichkeiten des Staates, der da unsterblich ist, sind an die Lebens- und Regierungsdauer des Souveräns nicht gebunden. Aber es ist Sitte des europäischen Völkerrechtes, bei Veränderungen in der Person des regierenden Fürsten, dessen Gesandte im Auslande mit neuen Beglaubigungsschreiben auszustatten.

II. Hauptstück.

Vom Sachenrechte.

§. 18.

Man unterscheidet körperliche und unkörperliche Sachen (Rechte), bei ersteren bewegliche und unbewegliche; insbesondere, wie schon an einem früheren Orte bemerkt wurde, auch an sich bewegliche Sachen, die aber als untrennbare Zubehör einer unbeweglichen Sache, z. B. der fundus instructus

eines Grundstückes, durch das Gesetz als unbewegliche erklärt
werden. Ferner giebt es theilbare und untheilbare, dann solche
Sachen, bei welchen es nicht auf den individuellen Gegenstand,
sondern auf die Gattung, wie beim Darlehen von Geld, Ge-
traide u. dgl. ankommt; dann im Gegensatze von Einzelsachen
Gesammtsachen, z. B. eine Heerde, eine Bibliothek, analog im
Personenrechte den moralischen oder Gesammtpersonen z. B. Gemeinden, Corporationen im Gegensatze zu Einzelpersonen.

Bezüglich des Verhältnisses der Sachen zu physischen
oder moralischen Personen unterscheidet man solche, die einen
Eigenthümer haben, von denen, die herrenlos sind (res
nullius, res ad espotae), von welchen wieder die einen erworben
werden können, andere, weil Allen dienend und unerschöpf-
lichen Gebrauches (usus inexhausti), wie Licht, Luft, der
freie Ocean, kein Object des Eigenthums werden können. Im
völkerrechtlichen Sinne kann nur von solchen res nullius die
Rede sein, ∙ die ausserhalb der Grenzen eines jeden Staatsgebietes liegen, denn herrenlose Sachen im Innern des Staatsgebietes unterstehen dem Gesetze desselben, die Fähigkeit sie
zu erwerben ist nur nach diesem Gesetze, nicht nach Völkerrecht zu beurtheilen.

Eigenthum ist das Recht eine Sache ausschliesslich zu
benützen und mit ihr zu verfügen. Es wird entweder ursprünglich an einer herrenlosen Sache durch Occupation,
oder in abgeleiteter Weise an einer, bereits in Jemandes
Eigenthume befindlichen Sache, durch Vertrag erworben.
Eine eigene Erwerbungsart im Staate ist die durch Ersitzung
(usucapio), d. i. durch den binnen einer gesetzlich bestimmten
Frist fortgesetzten, redlichen und rechtmässigen Besitz auf der
einen, und Verlust des Rechtes auf der andern, des bisherigen
Eigenthümers Seite, in Folge der Verjährung. Das Institut
der Verjährung ist in allen Staaten eingeführt, um das Eigenthum gegen Anfechtungen nach Jahrhunderten zu schützen.
Aber der Gedanke und Grund dieses Institutes wohnt jedem
Rechte, auch dem zwischen Völkern inne. Jedes Recht bedarf
des Schutzes gegen muthwillige Anfechtungen, die der Zeit,
des noch so langen Besitzes spotten. Die Karte Europas unter-
läge sonst ewigen Umwälzungen. Es genügt an Ludwigs XIV.
Reunionskammern zu erinnern. Giebt es auch kein **Gesetz,**

so giebt es doch zweifellos ein **Recht** der Verjährung zwischen
Staaten, und die Stelle der Usucapion muss der unvordenk-
liche, nie bestrittene Besitz, die possessio temporis immemorialis,
analog der praescriptio longi und longissimi temporis vertreten.

Das Staatseigenthum hat auch die beiden wesentlichen
Merkmale jeden Eigenthumes: Ausschliesslichkeit und freie
Verfügung. Es gehören dazu: das Staatsterritorium als Ganzes,
und die im engeren Sinne, im Gegensatze zum Privateigenthume, das unter dem Schutze und den Gesetzen des Staates
steht, als öffentliches Eigenthum dazu gehörenden Objecte.
Diese wieder sind es entweder dem Rechte auf die Substanz
und die Nutzung nach, so dass auch letztere dem Staate
zusteht, z. B. Domänen, öffentliche Gebäude; oder nur der
Substanz nach, so dass die Benützung wie bei schiffbaren
Flüssen, Strassen, den einzelnen Staatsangehörigen zusteht.
Auch bezüglich des im Princip unantastbaren Privateigenthums hat der Staat ausnahmsweise, im Nothfalle, zu besonders
wichtigen öffentlichen Zwecken, und gegen volle Entschädigung
des Eigenthümers ein sogenanntes dominium eminens, das
Recht der Enteignung oder Expropriation. Sonst steht ihm
über alle im Territorium befindliche Sachen nur das Herr-
scher- und Regierungsrecht, insbesondere das der Besteuerung zu. Der Lehenstaat des Mittelalters, der Patrimonial-
staat der vorigen Jahrhunderte hatte darüber andere Anschauungen und Grundsätze, die jetzt, Dank dem Fortschritte
im Rechtsstaate, nunmehr der Geschichte angehören.

Zum Staatsterritorium gehören übrigens auch vom Stamme
des Staatskörpers, vom Mutterlande getrennte, in fremden
Welttheilen liegende Colonien, deren Verhältniss zum Mutterlande von dessen Staatsrecht abhängig ist.

Ein Gebiet kann auch im Miteigenthume mehrerer
Staaten, oder zwar nach geschiedenen oder ununterschiedenen,
nur idealen Antheilen befindlich sein. Miteigenthum Oesterreichs und des Herzogthums Warschau an der Saline von
Wieliczka zufolge des Schönbrunner Friedens 1809. Das Con-
dominat der holsteinischen Linien, eine Quelle ewiger Fehden.
Der Wiener Friede vom 30. October 1864 gründet ein solches
für Oesterreich und Preussen in Schleswig-Holstein und Lauenburg. Das letztere wird durch den Gasteiner September-Vertrag

1865 gelöst, jenes durch die Kriegsereignisse des darauf folgenden Jahres und den Prager Frieden vom 23. August 1866.

§. 18 (a).
Von der Occupation. Grenzen.

Die Bedingungen der ursprünglichen Erwerbung durch
Occupation sind: 1. eine im völkerrechtlichen Sinne herrenlose Sache; 2. die bestimmte Absicht (animus) sich dieselbe
zu unterwerfen; 3. die wirkliche Besitzergreifung und
Bezeichnung durch bleibende, in die Sinne fallende Zeichen.
Nicht genügt die blosse Erklärung, man wolle besitzen, ohne die
Thatsache der Besitznahme. Die Absicht wie die Thatsache
müssen auf dauernde, nicht vorübergehende Besitznahme gerichtet
sein. Das so erlangte Eigenthum wird übrigens durch zeitliche
Unterbrechung des Besitzes ohne den animus derelinquendi nicht
aufgehoben. Unvordenklicher, unbestrittener Besitz, Unerweis-
barkeit eines älteren, bestehenden Rechtes gründen, wie oben bemerkt worden, rechtliches, unanfechtbares Eigenthum (§. 18).
Die Grenzen des Staates, die sein Territorium ein-
schliessende (peripherische) Linie, können künstliche oder
natürliche, wie Berge, Flüsse, Meere, Wüsten u. s. w. sein.
Selbst vertragsmässig, wie in mehreren älteren Friedensschlüssen
zwischen Oesterreich und der Pforte, können gewisse Strecken
zwischen den respectiven Staatsgebieten liegende Strecken,
um künftigen Weiterungen und Streitigkeiten vorzubeugen,
als unbewohnbar erklärt werden. Bei Gebirgen wird gewöhnlich
der Gebirgskamm (crête), bei Flüssen, der Thalweg, d. i. die
Linie, welche die Schiffe in der Thalfahrt einnehmen, genauer
die Mitte der Thalströmung als Grenze angenommen. Verändert ein Fluss seinen Lauf, so bleibt das verlassene Bett
die Grenze. Bei Landseen gelten ähnliche Grundsätze. Der
Bodensee z. B. gehört in seinen Rändern den einzelnen Uferstaaten, ausserhalb derselben allen gemeinschaftlich.
Die Meeresgrenze sondert die den einzelnen Staaten
gehörenden Gebiete von einander und vom freien Ocean. Diese
Gebiete erstrecken sich als Bestandtheile des Territoriums auf
die Meere zwischen Vorgebirgen desselben Landes, sonst auf
Kanonenschussweite, d. i. so weit, als man das Meer von der

Küste aus beherrschen kann, oder nach vertragsmässiger Bestimmung, meist auf drei Seemeilen Entfernung. Nicht selten
werden die Meeresgrenzen, zumal in fernen Welttheilen nach
Längen- und Breitengraden festgestellt, oder wie künstliche Land-
grenzen durch conventionelle Mittel, schwimmende Tonnen u. dgl.
sichtbar gemacht.

Streitige Grenzen werden durch eigene Grenz-Regulirungs-
Commissionen mit Benützungen von alten Karten, Aussagen
bejahrter und sachkundiger Zeugen, auch durch Schiedsgerichte
fixirt. Wenn unausgetragen, führen solche Streitigkeiten oft
zu blutigen Kriegen. In den Urwäldern Canadas hatte der
siebenjährige Krieg seinen Ursprung. Das Eigenthumsrecht
des Staates bringt auch das Recht auf die Benützung, auf die
Früchte mit sich, der natürlichen wie der sogenannten civilen,
des Ersatzwerthes für die Andern überlassene Benützung;
nicht minder auf den Zuwachs (accessio), z. B. einer Insel
im eigenen Flusse oder Seegebiete, während es bei einer
herrenlosen Insel im Ocean erst der Occupation bedarf; ferner
auf das durch allmälige Anschwemmung (alluvio), oder
plötzliche, massenhafte Losreissung (avulsio) von fremdem
Gebiete an das unsere getragene, mit ihm untrennbar vereinigte Erdreich.

§. 19.
Verfügungsrecht über das Staatseigenthum.

Schon früher wurde angedeutet, dass bezüglich dieses
Verfügungsrechtes zwischen dem Staatseigenthume im eigentlichen und engeren Sinne des Wortes und dem Privateigenthume unterschieden werden müsse, über welches dem Staate
nur ausnahms- und bedingungsweise ein Verfügungsrecht zusteht.

Vielfach kann das Verfügungsrecht des Staates über sein
Eigenthum ausgeübt werden. So kann beispielsweise eine
Rente auf dem Staatseigenthume constituirt sein, wie 1803
im R. D. Hauptrecesse für den Primas Erzkanzler von Deutschland auf dem Rheinschifffahrts-Octroi (Gebühr). Die Bestellung
eines Lehens zu Gunsten Auswärtiger und auf dem Staatsgebiete kommt heute wohl selten oder nie vor. Die Bestellung
eines Hypothekar- oder Pfandrechtes, im Mittelalter sehr

häufig, findet heut zu Tage auch sehr selten statt, meist in Friedensschlüssen zur Sicherheit für Zahlung der Kriegsentschädigung, auch mit Uebergabe des Pfandobjectes, selbst mit dem Rechte der Nutzung (Antichrese), wie z. B. die Festungen Stettin, Küstrin, Glogau 1807 von Preussen an Frankreich verpfändet wurden. So auch 1768 Corsica von der Republik Genua ebenfalls an Frankreich für geleistete Kriegshülfe. Das Pfand blieb uneingelöst dem Staate Frankreich, während Genua als Staat nicht mehr existirt. Für Staatsschulden werden auch heut zu Tage specielle Hypotheken an Staatsgütern oder Renten bestellt, die, insofern sie privatrechtliche Wirkungen haben sollen, nach den Landesgesetzen zu behandeln und zu beurtheilen sind. Ausserdem wird, auch ohne Bestellung, jede Schuld, die für ein Land oder einen Landestheil ausdrücklich contrahirt wurde, juristisch als auf dem Lande oder Landestheile haftend angesehen, ohne damit eine privatrechtliche Wirkung auszudrücken. Man traut dem Staate, kann ihn nicht klagen, jedenfalls nicht exequiren. Am härtesten trifft den säumigen oder die Zahlung verweigernden Staat der Verlust des Credites, des Vertrauens, in seinen Folgen.

§. 20.
Verlust des Staatseigenthumes.

Das Staatseigenthum geht verloren durch Aufgebung (Dereliction) desselben, dann durch Abtretung im Wege eines Vertrages, z. B. eines Friedensvertrages. Die Abstimmung der Bevölkerung eines so abgetretenen (annectirten) Landes ist nicht erforderlich, ist eitel Trug und Spott, eine napoleonische Erfindung oder deren Nachahmung. Den praktischen Republikanern Nordamerikas fiel es nie bei, die Erwerbung von Texas, Californien durch eine nachträgliche Volksabstimmung confirmiren zu lassen.

Aber auch bei Gebietsabtretungen gilt der Grundsatz, dass, wenn nicht ausdrücklich anderes bedungen worden, reale Rechte und Verbindlichkeiten mit sammt dem Gebiete oder Gebietstheile auf den neuen Erwerber, weil an der Sache haftend, übergehen. Der Wiener Congress hatte den Norden Savoyens neutralisirt, für neutral erklärt. Und er musste neutral bleiben, als Savoyen 1860 durch das sogenannte suffrage universel des Volkes, richtiger durch Abtretung von Italien auf Frankreich überging, und wurde diese Neutralität auch 1870 und 1871 von der deutschen Kriegsführung respectirt.

So lange das Staatseigenthum nicht verloren ist, kann es gegen jeden nicht berechtigten Besitzer, auch den im guten Glauben befindlichen, vindicirt werden, ohne dass diesem wieder erstattet zu werden braucht, was er etwa für die Erwerbung der Sache gegeben hat. Nützliche Verwendungen, die nicht aus der Sache selbst genommen wurden, sind dem Besitzer zu vergüten, eben so die vor der Rückforderung bezogenen Früchte zu belassen, wenn der Berechtigte es unterlassen hat, seinen Anspruch schon früher geltend zu machen, denn sein Stillschweigen enthielt auch das Gutheissen des Besitzes, kann dafür gehalten werden.

§. 21.
Von dem Meere und dem Eigenthume an demselben.

Das Meer als Ganzes, der Ocean, die unermessliche, alle Welttheile verbindende Fahrstrasse, ist kein Gegenstand völkerrechtlicher Occupation. Binnenmeere und einzelne Theile des Meeres können unter gewissen Bedingungen in's Eigenthum gebracht werden. Als Zubehör des Landes gehören zum Staatsgebiete: Seeinbrüche, wie der Zuyder See, die ohnehin früher Landgebiet waren; natürliche oder künstliche Buchten, Baien, Häfen u. s. w. als Zugänge des Staatsgebietes. Ob die Häfen offene oder geschlossene — wie Kriegshäfen — in commercieller Beziehung Freihäfen oder Entrepothäfen sind, hängt von der Bestimmung der Einzelstaaten ab.

Binnenmeere, deren Ufer einem Staate ausschliesslich gehören, wie das schwarze Meer es bis zum Jahre 1774 (Friede von Koutschuk-Kainardschi) einst war, das Asow'sche Meer jetzt ist, sind für fremde Staaten geschlossen (mare clausum), wenn der Uferbesitzer es so will, oder auch, wenn die mehreren, alleinigen Uferbesitzer es im Einvernehmen so wollen. Meerengen, selbst solche, deren beide Ufer demselben Staate angehören, können nach heutigem Völkerrechte als Verbindungsstrassen des Weltmeeres der Schifffahrt fremder

Nationen nicht verschlossen werden. Dass Kriegsschiffe die
beiden Meerengen, welche das mittelländische Meer mit dem
schwarzen verbinden, ohne Erlaubniss der Pforte nicht passiren
dürfen, ist früher erwähnt worden. Der Sundzoll, den
Dänemark durch Jahrhunderte von allen zwischen Nord-
und Ostsee verkehrenden Schiffen erhob, ist durch einen
europäischen Vertrag (1857) und gegen eine Entschädigung
von über 33 Millionen Thalern, wozu die Contrahenten pro-
portionell der Grösse ihrer Ostseeschifffahrt beizutragen hatten,
aufgehoben worden.

Kein Staat kann ein Recht ausschliesslicher Schifffahrt,
ausschliesslichen Handels im Ocean beanspruchen. Der einzelne Staat kann andern Staaten gegenüber auf das Recht
nach gewissen Gegenden, in gewissen Meeren Handel und
Schifffahrt zu treiben, Verzicht leisten. Ueber sein eigenes
Seegebiet kann der Staat alle Hoheitsrechte der Gerichtsbarkeit, Polizei, Finanzgewalt ausüben, fremden Schiffen den
Zutritt gestatten oder versagen. Im letzteren Falle erheischt
Menschlichkeit und Völkersitte doch, vom Sturme verschlagene,
vom Feinde oder Seeräubern verfolgten Schiffen Zuflucht zu
gewähren.

Wegen Repressalien gegen Rechtskränkung durch einen
fremden Staat, im Falle höchster und seltener Noth, z. B. zum
Truppentransport im Kriege, auch aus wichtigen staatspolizei-
lichen Gründen, kann man nach heutiger, nicht immer zu
rechtfertigender Praxis, fremde Schiffe in unsern Häfen zurückhalten, mit Embargo belegen, selbstverständlich nur im Nothfalle und nur gegen volle Entschädigung des Eigenthümers.
Von der modernen Erfindung eines sogenannten blocus pacifique
als Repressalie wird in der Lehre vom Kriege die Rede sein.

Jede Benützung des Seegebietes und der in demselben
befindlichen Inseln, z. B. zur Fischerei, Gewinnung von See-
salz, Anlegung von Austernbänken, ist, wie keines Beweises
bedarf, vom eigenen Staate zu regeln.

§. 21 (a).

Das See-Ceremoniel, dessen wir hier, seiner fortwäh-
renden Anwendung wegen, insbesondere gedenken müssen, ist
der Inbegriff der Höflichkeitsbezeugungen und Förmlichkeiten,

welche von Schiffen anderen Schiffen, Personen hohen Ranges, oder auch Häfen, Festungen erwiesen und auch erwiedert werden. Sie werden bald als Anerkennung der Gebietsoberhoheit, bald als Höflichkeit erwiesen. Es giebt verschiedene Arten des Schiffsgrusses (salut de mer). 1. Das Flaggenstreichen (salut du pavillon), der höchste Grad des See-Ceremoniels, indem man zur Anerkennung der Oberherrschaft die Flagge an den Stab zieht, herunterlässt oder gänzlich abnimmt. Ein sich im Kriege ergebendes Schiff nimmt auch seine Flagge ab, und zieht die weisse auf. 2. Die Losung oder das Segelstreichen (salut des voiles), das Einziehen der Marssegel und Herunterlassen derselben bis auf den halben Mast. 3. Die Lösung der Kanonen (salut du canon), als ordentlicher und eigentlicher Schiffsgruss, eine bestimmte, je nach dem Grade der Ehrenbezeugung, in gerader, häufiger in ungerader bis 21, selbst bis 101 steigender Zahl von Kanonenschüssen, mit Kugeln (à boulet) oder mit lohem Kraut (sans boulet). Die Erwiederung erfolgt in der Regel mit derselben Anzahl von Schüssen, entweder nach beendigtem Grusse, oder Schuss um Schuss. Minder üblich als Schiffsgruss sind jetzt: das Vivatrufen der Mannschaft (salut de la voix), das Abfeuern von Salven mit dem Kleingewehr (salut de la mousqueterie), oder die Höflichkeit, dass das grüssende Schiff sich unter den Wind legt, und einen oder einige Officiere an Bord des andern Schiffes zu dessen Becomplimentirung schickt.

Im eigenen Seegebiete kann jede Macht eigenen und fremden Schiffen, wie ersteren auch im offenen Meere, das zu beobachtende See-Ceremoniel vorschreiben. Von fremden Schiffen in unserem Seegebiete verlangt man gewöhnlich und nach heutigem völkerrechtlichen Brauch den Gruss durch Kanonenschüsse und Flaggenstreichen gegenüber von unseren Kriegsschiffen, Häfen, Festungen, worauf in der Regel mit Kanonenschüssen geantwortet wird.

Ist die Seeherrschaft in einem bestimmten Meerestheile bestritten, wie z. B. einst Venedigs Anspruch auf die Herrschaft des adriatischen Meeres, so wird auch die Verpflichtung zum Seegrusse bestritten. Souveräne, Prinzen und Prinzessinnen von königlichem Geblüte, Gesandte erster Classe, Admiräle werden, wenn sie in den Hafen einfahren oder an der Küste

vorbeifahren, von allen Schiffen, von Häfen und Festungen
zuerst begrüsst.

Auf offener See ist keine Macht berechtigt, ohne Verträge von Schiffen einer anderen Macht irgend eine Ehrenbezeugung zu verlangen. Mehrere Mächte haben, um allen
Streitigkeiten vorzubeugen, den Schiffsgruss in offener See vertragsmässig abgeschafft. In früheren Zeiten, wie im 17. Jahrhunderte zwischen England und Holland, führte die Verweigerung des Schiffsgrusses zu blutigen Kriegen. In Ermangelung
von Verträgen geben nach völkerrechtlichem Brauch Handelsschiffe, die Kanonen führen, Kriegsschiffen den Gruss durch
Kanonenschüsse, sonst durch Segel- und Flaggenstreichen. Sind
sie in vollem Laufe unter Segel, so wird ihnen ein Theil
dieses beschwerlichen Grusses erlassen. Kriegsschiffe von
gleichem Range unterlassen die Begrüssung, oder es grüsst
zuerst das unter dem Winde befindliche. Das von niederem
Range grüsst das Schiff höheren Ranges, ein einzelnes Kriegs-
schiff die ihm begegnende Escadre oder Flotte, eine Hülfs-
escadre die Hauptflotte. In allen diesen Fällen erfolgt der
Gegengruss durch Kanonenschüsse. England, dann Frankreich
und Spanien haben bis auf die neueste Zeit verlangt, dass
ihre Admiralsschiffe von Kriegsschiffen anderer Mächte nicht
nur mit Kanonenschüssen, sondern auch mit Flaggenstreichen
zuerst begrüsst werden.

§. 22.
Vom Flussgebiete.

Flüsse gehören bis zur Mündung, d. h. den beiden äussersten Punkten, wo sie sich mit dem Meere vereinigen, dem
oder den Staaten, welche sie durchfliessen, und zwar, wenn
sie die Grenzen zweier oder mehrerer Staaten bilden, in bestimmten Verhältnissen, sonst dem Einzelstaate, den sie durchfliessen und soweit sie ihn durchfliessen.

Die Grundsätze, welche der Wiener Congress (1815) über
die Beschiffung der mehreren Staaten gemeinschaftlichen Flüsse
aufgestellt hat, sind die des heutigen europäischen Völkerrechtes. Im Pariser Tractate vom 30. März 1856 wurden sie
auch auf die Donau erstreckt und ausserdem über diesen

wichtigen Hauptstrom Europas, insbesondere Oesterreichs eigene
Bestimmungen getroffen. Früher konnte es nicht geschehen,
da die Türkei kein Mitcontrahent am Wiener Congresse war,
erst im erwähnten Pariser Tractate in das sogenannte europäische Concert aufgenommen wurde.

Nach den Bestimmungen des Wiener Congresses ist jeder,
mehrere Staaten durchfliessende oder sie trennende Fluss für
alle Uferstaaten, ja nach der praktischen Interpretation und
speciell nach der neuesten, die Donau betreffenden Acte, für
sämmtliche schifffahrenden Nationen, vom Punkte der Schiffbar-
werdung bis zur Mündung in's Meer, also diese inbegriffen
(jusqu'à la mer gleichbedeutend mit jusque dans la mer) zur
Schifffahrt freistehend. — Jeder einzelne Staat übt seine Hoheit
über sein Flussgebiet, unbeschadet des oben erwähnten Rechtes
der freien Schifffahrt. — Diese Schifffahrt darf durch keine
Stapel-Umschlags- oder andere ehemalige Monopolrechte von
Schiffergilden, gewissen Uferstädten u. s. w. gehemmt werden.

Die Schifffahrtsabgaben — die von Waarenzöllen
wohl zu unterscheiden sind — können auf der ganzen Strecke
nur nach einverständlicher Bestimmung aller Uferstaaten und
nur nach dem Gewichte der Ladung einerseits und der Entfernung anderseits, nicht nach dem Werthe erhoben werden.

Die Strompolizei, welche ebenfalls vertragsmässig nach
gemeinschaftlichen Grundsätzen durch die Uferstaaten zu regeln
ist, wird von jedem derselben im eigenen Gebiete gehandhabt,
und hat auch jeder Uferstaat für die Erhaltung der Treppel-
wege (chemins de halage), wie überhaupt die Schiffbarkeit
des Stromes zu sorgen.

Uebrigens ist es klar, dass keine Uferbauten oder irgend
welche Arbeiten im Flusse in der Absicht vorgenommen werden
dürfen, dem Nachbar zu schaden, z. B. den Lauf des Flusses
zu ändern, den Hafen des Nachbarstaates trocken zu legen.

Im Geiste der angeführten Bestimmungen des Wiener
Congresses sind vielfache Verträge über Beschiffung gemeinschaftlicher Flüsse, so zwischen den Rhein-Elbe-Weser-Schelde-
Uferstaaten geschlossen, auch die Schelde- und Stade- (Elbe)
Zölle gegen Entschädigung Hollands und Hannovers, als den
beiden bisher bezugsberechtigten Uferstaaten, durch die Inter-
essenten (1863 und 1861) aufgehoben worden. Auch den

Beschränkungen, welche, auf eine sophistische Auslegung des jusqu'à la mer, Holland trotz des Wiener Congresses der freien Schifffahrt in und aus der Mündung des Rheins und seiner Arme lange entgegensetzte, wurde durch die Mainzer Uferstaaten-Commission (1831) ein Ziel gesetzt.

§. 22 (a).

Von der Donauschifffahrt.

Nach dem Frieden von Adrianopel (1829) setzte sich Russland in den Besitz der Sulinamündung, ward factisch Gebieter der unteren Donau. Der Pariser Tractat vom Jahre 1856 änderte die Sachlage, zumal da auch Russland durch Abtretung eines Streifens von Bessarabien territorial von der Donau ganz gesondert wurde. Die Bestimmungen des Wiener Congresses über die Beschiffung gemeinschaftlicher Flüsse sollen fortan auch auf die Donau Anwendung finden. Zwei Commissionen, eine europäische, aus Vertretern aller Contrahenten des Pariser Tractates, und eine Ufercommission, nur aus Vertretern der Uferstaaten gebildet, sollten zusammentreten. Die Aufgabe der ersten, vorübergehenden, sollte zunächst auf die Ausbaggerung und vollständige Schiffbarmachung der Donaumündungen, die der zweiten auf die Abfassung von Reglements für die Schifffahrt und Strompolizei, und die zur Erhaltung der Fahrbarkeit des Stromes nothwendigen Massregeln gerichtet sein, die Ufercommission, wenn die europäische ihre Arbeiten vollenden würde, auch an deren Stelle treten, und die Schiffbarkeit der Mündungen überwachen.

Eine Frist von zwei Jahren, die später bis auf zehn Jahre verlängert wurde, war für die Herstellung der Arbeiten für das Fahrwasser und die Abfassung des Schifffahrts-Reglements festgesetzt. Die europäische Commission beendigte ihre Arbeiten im Jahre 1865, und deren Ergebniss war die europäische Schifffahrts-Acte vom 2. November 1865. Die Ufercommission ist jedoch noch immer (1876) nicht in Permanenz getreten.

Die Uferstaaten der Donau hatten bereits am 7. November 1857, in Gemässheit der Bestimmungen des Pariser Tractates, beziehungsweise des Reglements des Wiener Con-

4*

gresses vom 24. März 1815 eine Acte unterfertigt, worin die
volle Freiheit der Donauschifffahrt ausgesprochen wird. Die
Vorschriften über das Sanitätswesen, Pilotage u. s. w. sind
darin in liberalster, dem Handel förderlichster Weise festgesetzt. Die innere Schifffahrt jedoch von einem Hafen zum
andern ist den Unterthanen der Uferstaaten vorbehalten, andern
nur unter gewissen Bedingungen und gegen Concession gestattet. Diese letztere Bestimmung hat lebhafte Protestationen
von englischer und französischer Seite hervorgerufen, die aber
weder im Wortlaute noch im Geiste des Pariser Tractates
ausreichende Begründung finden dürften.

§. 23.

Die Schiffe und Rechte der Schifffahrt.

Der Satz, das Schiff sei als Fortsetzung des Staatsgebietes,
als eine schwimmende Insel zu betrachten, auf welcher die
Hoheit und das Gesetz des Staates allein massgebend sei, kann
nur im freien Meere, der gemeinschaftlichen Fahrstrasse aller
Völker, das in keines Volkes ausschliesslichem Eigenthum steht,
dann im eigenen Seegebiete gelten. Im fremden Seegebiete
unterstehen Handelsschiffe (nicht die exterritorialen Kriegsschiffe), den Gesetzen des fremden Staates. Ein Sklave, der
den Boden Oesterreichs oder auch nur ein . österreichisches
Schiff betritt, wird nach österreichischem Gesetze frei. Aber
letzteres doch nur, wenn er das österreichische Schiff im
österreichischen Seegebiete oder im Ocean betritt, keineswegs
im Seegebiete eines Staates, der noch die Sklaverei zulässt.
Jene Fiction, welche Schiff und Land parificirt, ist somit in
der Unbedingtheit, mit der sie hingestellt wird, nicht richtig,
zudem überflüssig, wie überhaupt eine Fiction, welche das
Gegentheil des thatsächlich Gewissen als gesetzlich wahr annimmt, wohl im privaten, nicht im internationalen Rechte
massgebend sein kann.

Der Staat ist berechtigt, die Bedingungen festzustellen,
unter welchen fremde Schiffe in seine Häfen einlaufen, daselbst
Waaren aus- und einladen dürfen. Er kann einzelne Nationen
vor andern in Zöllen und sonst begünstigen. Immer mehr

wird gleiche Behandlung fremder Schiffe Regel, seit in fast
allen Handelsverträgen die Clausel aufgenommen wird, welche
Behandlung auf dem Fusse der meist begünstigten Nationen
zusagt. Die eigene Schifffahrt kann der Staat durch höhere,
den fremden auferlegte Zölle (Differentialzölle), durch Vorbehalt der Küstenschifffahrt für die eigenen Unterthanen u. s. w.
schützen und fördern.

Absolutes Verbot fremder Schifffahrt nach den eigenen
Häfen, wie es China und Japan bis auf die neueste Zeit auf-
recht hielten, wäre gleichbedeutend mit Ausschliessung vom
Völkerverkehre und Völkerrechte.

Das Symbol und Zeichen der Nationalität des Schiffes
ist dessen Flagge (le pavillon). Als solches muss sie von Allen
geachtet werden. Der Staat kann auch fremden, z. B. zum
Frachtdienste geheuerten Schiffen gestatten, unter seiner Flagge
zu fahren, insofern kein Dritter dadurch benachtheiligt wird,
oder es sich nicht um Vortheile handelt, die nur den Schiffen
eines bestimmten Staates in ausländischen Häfen eingeräumt sind.

Das Strandrecht, d. i. das angebliche, durch Jahrhunderte von Küstenbewohnern in Norden Europas geübte
Recht gestrandete Schiffe und Güter sich anzueignen, ist jetzt
unter allen gesitteten Völkern aufgehoben. An dessen Stelle
ist das Bergerecht (droit de sauvetage) getreten, d. i. ein
Entgelt, Bergelohn, welcher für die auf Rettung und Bergung
der gestrandeten Güter verwendete Mühe und Kosten zu
entrichten ist. Melden sich innerhalb der Verjährungsfrist,
die eben so im Seegebiete wie im Innern des Staates gilt,
keine berechtigten Eigenthümer, so fällt das Eigenthum an
den gestrandeten Gütern Jenen zu, die nach den Gesetzen
des Landes darauf Anspruch haben.

In Strandungs- und Schiffbruchsfällen wird auf Grundlage der unter gesitteten Völkern bestehenden Handels- und
Schifffahrtsverträge fremden Schiffen alle Hülfe und Dienst-
leistung wie den eigenen Schiffen gewährt.

Fremde Schiffe, mit Ausnahme der Kriegsschiffe und derjenigen, die einen Souverän oder Gesandten an Bord führen,
unterliegen den Gesetzen und der Gerichtsbarkeit des Staates,
in dessen Seegebiete sie sich befinden, und zahlen die gesetzlich bestimmten Abgaben. Wegen eines in unserem Seegebiete

begangenen Verbrechens, kann man ein aus unserem Hafen
flüchtendes Schiff auch in die offene See verfolgen, während die
sogenannte Nacheile (droit de poursuite) auf dem Festlande
ohne vertragsmässige wechselseitige Einräumung nicht stattfinden kann, da Acte der Souveränetät nur im eigenen, nicht
im fremden Gebiete ausgeübt werden können.

Nichtsdestoweniger darf man nicht verkennen, dass die
Schiffsmannschaft unter ihrem Führer eine ganz besondere,
in eigenthümlichen Verhältnissen stehende Genossenschaft bildet,
auf welche die Gesetze des fremden Staates nicht im ganzen
Umfange anwendbar sind. Das innere Leben am Bord, die
Disciplin, die mannigfachen Wechselbeziehungen von Mannschaft und Capitän, die Schiffsheuer u. s. w. zu regeln, überlässt der Staat bezüglich fremder Schiffe dem Capitän, meist
den Consuln, als Vertretern der Handelsinteressen des Staates
im Auslande, letzteren, wenn Schiff und Güter nur Fremden
gehören, selbst die Regelung der Haverei, der Schaden-
repartition, wenn in Schiffsgefahr Schiff oder Güter, oder
beide Schaden gelitten haben.

Isolirt steht der Anspruch Frankreichs, auch wegen Verbrechen, die von Personen der Schiffsmannschaft gegen solche
oder überhaupt gegen Franzosen und an Bord, wenngleich
im fremden Hafen begangen wurden, die Strafjustiz zu üben.
Fremde Staaten können solches, wenn sie wollen, allerdings
nur gegen Wechselseitigkeit, zugestehen.

Piraten (Seeräuber), auch Kaper im Kriege, die ohne
Autorisation der competenten Autorität (ohne Markbriefe)
Schiffe angreifen, plündern, unterstehen der Gerichtsbarkeit
des sie ergreifenden Staates. Dem Unwesen von sogenannten
Seeräuberstaaten, denen sogar europäische Mächte loskau-
fenden Tribut zahlten, hat Frankreich mit der Eroberung Algiers (1830) ein Ende gesetzt.

Aber auch zu erlaubten Zwecken, z. B. Hintanhaltung
des Sklavenhandels, darf man, ohne durch Verträge dazu berechtigt zu sein, fremde Schiffe nicht in der offenen See an-
halten und durchsuchen. Vom Durchsuchungsrechte im Kriege
und zu Kriegszwecken wird im Kriegsrechte die Rede sein.

Das Völkerseerecht, im Unterschiede zum Privat-
seerecht, das jeder Staat für sein Seegebiet und seine Schiffe

im Ocean, für die letzteren in gewissen Beziehungen auch im fremden Seegebiete, festsetzt, ist in Friedens- wie in Kriegszeiten, besonders in letzteren, von grosser Wichtigkeit. In Friedenszeiten ist zur Selbsthülfe auch dann keine Veranlassung vorhanden, wenn Angehörige verschiedener Staaten in offener See in Streit gerathen, einer den andern verletzt, weil der Staat des Beleidigers die Strafe und Genugthuung nicht verweigern wird. Um so zahlreicher sind die Complicationen, besonders zwischen kriegführenden Staaten und den Neutralen.

Das Völkerseerecht, aus der Gemeinschaftlichkeit der Bedürfnisse und Verhältnisse hervorgegangen, beruht vorzugsweise auf Gewohnheiten. Die berühmteste Sammlung solcher Seegewohnheiten, wahrscheinlich in Barcelona am Ende des dreizehnten Jahrhunderts entstanden, das sogenannte **Consolato del mare**, war massgebend durch Jahrhunderte, besonders für die Uferländer des Mittelländischen Meeres.

————

III. Hauptstück.

Das Obligationenrecht oder von den Verbindlichkeiten der Völker gegeneinander.

§. 24.

Insbesondere von den Völkerverträgen.

Wie zwischen Privaten entstehen auch zwischen Staaten Obligationen, hauptsächlich durch Verträge, dann aber auch ohne solche, wie durch Quasiverträge, z. B. eine Geschäftsführung ohne Auftrag, oder abgesehen von beiden, aus erlaubten Handlungen, z. B. Rückforderung des aus Irrthum Gezahlten, endlich aus unerlaubten Handlungen, aus Vergehen.

Verträge sind die feierlichste, am häufigsten vorkommende Art, Verbindlichkeiten unter Völkern zu gründen, ihre Heilighaltung, ohne welche kein Vertrauen, kein Verkehr, kein

Recht zwischen Völkern möglich wäre, ein Hauptgrundsatz des Völkerrechtes. Völker- oder Staatenverträge (Tractate, traités, auch, wenn mit geringeren Förmlichkeiten eingegangen, Conventionen genannt) sind Uebereinkommen, welche von den Staatsoberhäuptern oder deren Bevollmächtigten im Interesse und über Angelegenheiten, Rechte oder Sachen der bezüglichen Staaten eingegangen werden. Verträge, die zwischen Souveränen über rein persönliche Angelegenheiten derselben, oder zwischen Souveränen und Privaten, wenn auch im Staatsinteresse, wie über Anleihen des Staates, Lieferungen, abgeschlossen werden, sind keine Staatsverträge, werden nicht nach Völkerrecht beurtheilt. Allerdings können durch Vereinigung völkerrechtlicher mit privatrechtlichen Verträgen Mischverträge entstehen, in denen der öffentliche, völkerrechtliche Charakter stets überwiegt. Ein Beispiel bietet das 1833 vom Bankhause Rothschild dem neu gebildeten Königreiche Griechenland gemachte Darlehen von 60 Millionen Francs, wofür England, Frankreich und Russland die Garantie (Bürgschaft) übernahmen, welche Griechenland gegenüber einen Staatsvertrag begründete.

Eigenthümlich sind die über kirchliche Verhältnisse, die nicht rein interner, dogmatischer, liturgischer Natur sind, mit dem Papste, als Oberhaupt der katholischen Kirche, geschlossenen Concordate. Sie allseitig und ausschliesslich als völkerrechtliche Verträge zu behandeln, war selbst damals nicht thunlich, als der Papst noch ein weltliches Fürstenthum besass (bis 20. September 1870). Sie sind eben öffentliche Verträge, (denn auch jetzt gilt der Papst als Souverän), aber ganz eigenartig, eine Gruppe für sich bildend. Einzelne Concordate sind wieder wesentlich verschieden. Das französische vom Jahre 1801 richtet den Altar in Frankreich wieder auf, giebt der weltlichen Macht eine Fülle von Rechten, weitergehend als selbst die famosen Artikel der gallicanischen Rechte. Das österreichische vom Jahre 1855 wurde, weil mit der neuen Staatsverfassung unvereinbar und im Hinblick auf die jüngste vaticanische Constitution (1870) aufgehoben. Wie verschieden von beiden sind wieder die zahlreichen vom Papste mit Baiern, Baden, Württemberg, Preussen in den Zwanziger und Dreissiger Jahren geschlossenen Concordate! Date Deo quod

Dei est, Caesari, quod Caesaris est, lautet das Losungswort,
von verschiedenen Parteien verschieden gedeutet.

Uebrigens kann ein Privatvertrag, wenn ihm im fremden
Staate die Erfüllung, die gerichtliche Beihülfe versagt wird,
wegen des dem Unterthanen auch im Auslande, ja dort vorzugsweise durch den Heimathsstaat zu ertheilenden Schutzes,
Gegenstand völkerrechtlicher Verhandlungen und Massnahmen
werden.

<h3 style="text-align:center">§. 25.</h3>
<h3 style="text-align:center">Wesentliche Bedingungen der Verträge.</h3>

Zu diesen Bedingungen gehören: 1. ein zulässiger Ver-
tragsgegenstand (causa); 2. die Dispositionsfähigkeit der Contrahenten; 3. die Willensfreiheit derselben. Was diese drei
Momente oder auch nur eines derselben aufhebt, macht den
Vertrag an sich ungültig oder wirkungslos.

<h3 style="text-align:center">§. 26.</h3>
<h3 style="text-align:center">Zulässigkeit des Vertragsgegenstandes.</h3>

Nur was physisch, moralisch oder rechtlich möglich ist,
kann den Gegenstand eines Vertrages bilden. Im gegentheiligen Falle kann oder darf das Versprochene nicht geleistet
werden, und kann die etwa schon gemachte Gegenleistung,
weil gar kein Vertrag zu Stande kam, zurückverlangt werden.

Was physisch unmöglich ist, bedarf keiner Erklärung.
Sittlich unmöglich ist das absolut Unerlaubte, z. B. ein Versprechen, die Sklaverei einzuführen, wenn wir von dem Innern
eines Bundesstaates oder auch eines Einzelstaates absehen, wo
solche Bestimmung, moralisch verdammenswerth, aber nicht
völkerrechtswidrig ist; das Versprechen, sich oder andere
Nationen für immer von jedem Verkehre mit dem Auslande
abschliessen zu wollen.

Rechtlich unmöglich ist, was dem Rechte anderer Personen widerstreitet. Desshalb ist es nicht gestattet, in einem
Vertrage Verpflichtungen zu übernehmen, die einem älteren,
mit einem dritten Staate eingegangenen Vertrage zuwiderlaufen

oder mit ihm unvereinbar sind. Diess gilt auch, wenn der
ältere Vertrag ein geheimer ist; vielmehr ist der Treubruch
dann um so greller. Wohl kann man aber Verträge mit mehreren Staaten eingehen, die neben einander bestehen und erfüllt
werden können. Man kann einem Volke Handelsvortheile einräumen, wenn nicht einem anderen Volke diese Vortheile
schon früher, und zwar ausschliesslich zugesagt worden sind.
Man kann mehreren Staaten partielle, quantitativ bestimmte
Kriegshülfe zusagen, vorausgesetzt, dass diese Staaten nicht
gegen einander Krieg führen. Reichen die Staatskräfte nicht
hin mehreren die versprochene Hülfe an Mannschaft oder
Gold (Subsidien) zu leisten, so geht der ältere Promissar (derjenige, dem das Versprechen von dem Promittenten, dem Ver-
sprechenden, gemacht wurde) voraus. Eben so gilt der ältere
Vertrag allein, wenn Zweien versprochen wurde, was man,
weil es z. B. ein untheilbares Object ist, nur einem erfüllen
kann, denn man hat kein Recht, über das so Versprochene
weiter zu verfügen. Mit Recht beschwerte sich Genua, als
Oesterreich das jenem 1708 um Geld abgetretene Marquisat
Finale, um Sardinien im Erbfolgekriege zu gewinnen, 1743 im
Tractate von Worms an letzteres abtrat.

Ungültig ist auch das Versprechen einer Leistung oder
Handlung eines Dritten, weil auch darüber dem Versprechen-
den kein Verfügungsrecht zusteht. Dagegen ist es allerdings
zulässig, zu versprechen, dass man durch Verwendung freundlicher Dienste (bons offices) einen Dritten zu einer Handlung
oder Leistung zu bewegen thätig sein wolle. Solche Verwendung darf bis zur eigentlichen Intercession, die mit Intervention ja nicht verwechselt werden darf, mit Anwendung
aller zweckgeeigneten Mittel, jedoch mit Ausschluss der Waffengewalt, gehen. Für den Erfolg kann der sich so Verwendende
natürlich nicht einstehen. Umgekehrt kann ein Vertrag zwischen
zwei Staaten einem dritten Staate in der Regel keine Verbindlichkeiten auferlegen, es wäre denn, dass dieser als tributärer
oder halbsouveräner Staat in einem Abhängigkeitsverhältnisse
zu einem der Contrahenten steht. Die Staatsverträge, welche
die Pforte schloss, galten stets auch für die Vasallenstaaten
derselben, wie diess auch durch Art. 32 des Pariser Tractates
vom Jahre 1856 besagt wird, da laut demselben die alten Ver-

träge der Pforte, die zweifellos für das gesammte Gebiet derselben geschlossen wurden, bis zu ihrer Erneuerung in voller
Kraft zu verbleiben haben. Ein Recht kann man dem Dritten
zu Gunsten allerdings im Vertrage stipuliren, dem Mitcontrahenten eine Leistung auferlegen, die der Dritte ohnediess zu
fordern berechtigt ist.

Ein Dritter kann durch den Vertrag auch berührt werden, indem man ihm den Beitritt (accession) offen hält, was
stets der Fall ist, wenn man bezüglich seiner eine Bestimmung
trifft, und von seinem Beitritte die Gültigkeit des Vertrages
abhängig macht. Ertheilt man ihm nur Rechte, bekräftigt man
nur die ihm schon zustehenden Rechte, so kann er, ohne förmlich beizutreten, in den Vertrag aufgenommen werden (compris
dans le traité). Bei Friedensverträgen ist es sogar Pflicht der
Hauptparteien, ihre Bundesgenossen, die nicht in erster Linie
als Kriegführende auftreten, nur particelle, determinirte Hülfe
leisten, in den Frieden mit aufzunehmen. Das Gegentheil wäre
widerrechtlich und unwürdig.

Ob eine Gegenleistung, und welche stattfindet, ist rechtlich eben so gleichgültig, als die Frage, ob Leistung und
Gegenleistung sich gleich stehen. Den Grad des Nutzens aus
einem Vertrage zu berechnen, ist Sache des Staates, nicht des
Mitcontrahenten. Nach den bürgerlichen Gesetzen kann ein
entgeltlicher Vertrag, in welchem die Gegenleistung nicht die
Hälfte des Werthes der Leistung erreicht, wegen der sogenannten Verletzung über die Hälfte (laesio enormis) als ungültig angefochten oder doch Ersatz des zu gering Geleisteten
gefordert werden. Nicht so im Völkerrechte. Staaten anerkennen
keinen höheren Richter, der über eine solche Verletzung zu
erkennen vermöchte, die zudem in den seltensten Fällen nach
Mass und Münze berechnet werden kann. Die Zulassung eines
solchen unbestimmbaren, vagen Nichtigkeitsgrundes würde die
Verträge der Völker von vornhinein erschüttern. Spricht man
von gleichen und ungleichen Allianzen und Verträgen, so denkt
man nicht an materielle Gleichheit, sondern an die gleiche
Würde und politische Bedeutung der Staaten, zumal wenn die
Grossmächte in ihren Wechselbeziehungen, wie anderseits in
den Beziehungen zu Staaten zweiten Ranges handelnd auftreten. Ein Grossstaat kann, um politische Vortheile zu erlangen,

weit grössere Opfer an Gut und Blut, als ein anderer Staat dar-
bringen, an dessen Erhaltung und Kräftigung jenem aus gewich-
tigen Gründen Vieles, oft Alles gelegen sein muss. Wenn in
einzelnen grossen Staatsverträgen, wie dem von Utrecht (1713),
Verzichtleistungen auf den Einwand der laesio enormis vorkommen, Ludwig XIV. und sein Bruder Orleans für sich und
ihre Erben auf die Krone von Spanien, Philipp V. auf die von
Frankreich verzichten, so wird der Staatsvertrag durch solche,
Verträgen der Privaten entlehnte Formeln nicht mehr gültig als
er es ohnehin ist. Wohl aber wäre ein Vertrag, in welchem
ein Staat auf sein Wesen, seine Selbstständigkeit, z. B. das
Recht über Krieg und Frieden zu bestimmen, Verzicht leisten
würde, weil sittlich unmöglich, auch unverbindlich. So leistet
Carthago Rom gegenüber im dritten punischen Frieden, so
Polen Russland gegenüber (1768) mit dem Verzichte auf das
Recht des Krieges, der Vertheidigung, auf seine Selbstständigkeit Verzicht, hören eben dadurch auf, souveräne Staaten
zu sein.

§. 27.

Dispositionsfähigkeit der Vertragschliessenden.

Die Fähigkeit, Staatsverträge einzugehen, besitzen Souveräne, auch Usurpatoren, so lange sie im Besitze der Staatsgewalt sind, und insoferne sie überhaupt berechtigt sind, Acte
der Staatsgewalt auszuüben, wovon Näheres im Rechte des
Krieges zu erörtern ist. Halbsouveräne, abhängige Staaten
haben nur eine beschränkte Fähigkeit, Staatsverträge einzugehen. Wie weit diese Fähigkeit geht, hängt vom staatsrechtlichen Verhältnisse derselben zum Suzerän oder Schutzstaate
ab, nicht selten auch von der thatsächlichen Entwickelung
dieser Verhältnisse. So schliessen die Donaufürstenthümer mit
den Nachbarstaaten Conventionen über Verkehrsgegenstände,
Posten, Telegraphen, Auslieferung von Deserteuren.

In staatsrechtlichen Systemen, wie in der Schweiz, in der
nordamerikanischen Union, kann bis auf wenige Verträge der
einzelnen Cantone oder Staaten mit dem nachbarlichen Auslande über Gegenstände des Grenzverkehrs und der Polizei,

nur die Regierung des Gesammtstaates Verträge mit anderen Staaten schliessen. Ist die Regierung oder Verfassung eines Staates Gegenstand des Parteistreites, so kann anderen Staaten gegenüber nur der Besitzstand massgebend sein, und werden, wie schon früher angedeutet, ohne sich in die Frage, ob der Besitzer der Staatsgewalt überhaupt oder vorzugsweise im Rechte sei, einzulassen, mit ihm Verträge eingegangen. Ob und in wie weit das Staatsoberhaupt allein oder nur mit Zustimmung gewisser gesetzlicher Factoren, einer Volksrepräsentation, eines Senates wie in Nordamerika, Verträge mit dem Auslande einzugehen berechtigt sei, ist nach dem Staatsrechte zu beurtheilen. So heisst es in dem österreichischen Grundgesetze vom 21. December 1867 im 11. Paragraphen: „Es gehören zum Wirkungskreise des Reichsrathes: a) die Prüfung und Genehmigung der Handelsverträge und jener Staatsverträge, die das Reich oder Theile desselben belasten oder einzelne Bürger verpflichten oder eine Gebietsänderung der im Reichsrathe vertretenen Königreiche und Länder zur Folge haben".

Der von einem so beschränkten Contrahenten eingegangene Vertrag ist in formeller, wie consequent auch in materieller Beziehung erst dann gültig, wenn die zur Perfection des Vertrages erforderlichen constitutionellen Factoren ihre Zustimmung ertheilt haben. Dass die Contrahenten, wie man zu sagen pflegt, jedenfalls engagirt, für ihre Person verbunden sind, ist unwesentlich. Es ist eben, wenn das gesetzliche Complement mangelt, kein völkerrechtlicher Vertrag zu Stande gekommen. Der andere Contrahent kann Schadenersatz verlangen, wenn ohne diese Perfectionirung, die zu bewirken nicht an ihm lag, der Vertrag, als ob er vollständig wäre, unterfertigt ward, und ihm daraus ein Schaden erwuchs.

§. 27 (a).

Von der Ratification und von Sponsionen.

Staatsverträge werden in der Regel im Namen und Auftrage der Souveräne von ihren Bevollmächtigten, Gesandten abgeschlossen und unterzeichnet. Die volle Gültigkeit und Wirksamkeit erlangt der Vertrag durch die Ratification des

Souveräns, in Nordamerika des Präsidenten, mit Zustimmung
von zwei Dritttheilen des Senates, als derjenigen Körperschaft,
welche im Congresse die Einzelstaaten der Union, die Souveränetät derselben, das Fundament der Souveränetät des Bundesstaates repräsentirt. Die Wirksamkeit der Verträge beginnt
aber nach völkerrechtlichem Gebrauche nicht vom Datum der
Ratification, sondern vom Datum der Unterfertigung durch die
Bevollmächtigten, es wäre denn, dass ein Anderes ausdrücklich
bedungen worden wäre. Die Ratification setzt den Vertrag, so
zu sagen, rückwärts in Kraft. Sie ist nur eine Bestätigung,
nicht eine Bekräftigung oder Befestigung desselben.

Uralt und in der Natur der Sache begründet ist die Anwendung von Ratificationen. Dem Souveräne, dem Staatsober-
haupte muss in so hochwichtigen Dingen das letzte, entscheidende Wort vorbehalten sein. Und so fest stehend ist dieser
Usus der Ratificationen, dass ihre Nothwendigkeit als selbstverständlich angesehen wird, mag sie in der Vollmacht des
Unterhändlers oder, wie jetzt Regel ist, im Vertrage selbst,
mit Angabe eines Termines zum Austausche der Ratificationen
vorbehalten sein. Soll ein Vertrag, was wohl nur im Falle
höchster Dringlichkeit eintreffen wird, ohne die Ratificationen
abzuwarten, unmittelbar in's Leben treten, muss solches von
den Vollmachtgebern ausdrücklich zugestanden, ja gefordert
werden. So geschah es 1840, als Sultan Mahmud II. starb,
die Türkei der siegreichen Armee des Vicekönigs von Aegypten gegenüber macht- und rathlos da stand, der elektrische
Draht Constantinopel noch nicht mit den europäischen Haupt-
städten verband, und ein Schutz- und Trutzbündniss mit der
Pforte zu ihrer Rettung abgeschlossen werden musste.

Die Ratification kann, soll, zumal wenn die Gesandten
ihrer Vollmacht und Instruction gemäss gehandelt haben, ertheilt werden, aber sie muss nicht unbedingt, unter
allen Umständen ertheilt werden, sonst wäre sie ja eine
leere Formalität, und das ist sie nicht, wie schon ihr constanter
Gebrauch, der geschichtlich seit nahezu dreizehn Jahrhunderten
nachweisbar ist, zur Genüge darthut. Der Souverän hat erstlich Gelegenheit, sich bei Prüfung des Vertrages zu überzeugen, ob sein Gesandter seine ostensible Vollmacht und
ausserdem die gewöhnlich und der Natur der Sache nach

geheime Instruction genau befolgt hat. Zweitens können ja Umstände obwalten, welche von der einen oder der anderen contrahirenden Seite eintretend, gegen die Grundbedingungen der Gültigkeit aller Staatsverträge verstossen, das Zustandekommen eines gültigen Vertrages von vornhinein unmöglich machen, somit auch einen gerechten Grund zur Verweigerung der Ratification bieten. Aber auch abgesehen davon können drittens, in der Zwischenzeit von der Unterzeichnung des Vertrages bis zum Zeitpunkte der Ratification die Umstände sich so wesentlich geändert haben, dass der Vertrag statt zum Besten zum Verderben des Staates gereichen würde. Auch können in dieser Zwischenzeit früher unbekannte Umstände zum Vorschein gelangen, die ein Abgehen vom Vertrage, ein Nichteingehen in denselben zur politischen Nothwendigkeit machen. Ist es doch zweifellos gestattet, ja Pflicht, von einem bereits in Wirksamkeit stehenden Vertrage, wenn er unausführbar wird, wenn seine Erfüllung mit der Staatsverfassung unvereinbar ist oder wird, zurückzutreten; um wie viel mehr von einem Vertrage, dem das letzte entscheidende Moment, die Ratification, noch mangelt, wenn seine Verderblichkeit erkannt wird, oder auch die erforderliche Zustimmung der constitutionellen Factoren nicht zu erlangen ist. Die Clausel: rebus sic stantibus, kann missbraucht werden, kein Zweifel. Aber welcher Satz kann nicht missbraucht werden? Die Möglichkeit des Missbrauches beweist nichts gegen das Recht, die Ratification zu verweigern, das freilich nur aus den wichtigsten, hier angeführten Gründen ausgeübt werden darf.

Versprechungen, welche ein Nichtbevollmächtigter oder ein zwar Bevollmächtigter, jedoch mit Ueberschreitung seiner Vollmacht, einem Staate macht, nennt man Sponsionen, die, beiläufig gesagt, mit der Sponsio des römischen Rechtes, die auch ein Versprechen war, ausser dem Namen nichts gemein haben. Ein berühmtes, als ein Typus behandeltes Beispiel gilt die vom Senat nicht genehmigte Sponsion, welche die römischen Consuln 324 v. Chr. G. mit den Samnitern eingingen, um gegen Stellung von Geiseln das in den caudinischen Engpässen eingeschlossene Heer, wenn auch nicht vor der Schmach, so doch vor der Gefangenschaft oder der Vernichtung zu retten. Was auf die Sponsion hin, ohne deren Genehmigung durch den

anderen Theil abzuwarten, geleistet worden, kann als indebite
solutum zurückverlangt werden. Dazu wäre jedoch nicht der
Fall zu rechnen, wenn im Kriege ein Vortheil, den ein Kriegführender in Händen hat, z. B. im obigen Beispiele die römische
Armee, welche die Samniter in Händen hatte, wie, um ein
weiteres Beispiel anzuführen, ein fester Platz, der dem Gegner
gehört, im ungegründeten, leichtgläubigen Vertrauen auf die
von einem unautorisirten Feldherrn für seinen Souverän gemachte Sponsion, vor dessen Genehmigung herausgegeben
würde. Nur die eigene Unvorsichtigkeit hätte man hier anzu-
klagen. Dagegen müsste der andere Theil eine Besitzung, die
ihm früher nicht gehörte, ihm erst jetzt und nur auf Grund
einer Sponsion abgetreten wurde, zurückstellen. Ein Ersatz
durch den Sponsor, analog der privatrechtlichen Haftung des
Mandatars, kann hier, wo Interessen, die den Bereich und die
Kräfte des Privaten übersteigen, nicht in Frage stehen, wenn
nicht etwa im concreten Falle der Sponsor sein Vermögen als
Pfand für den Fall der Nichtgenehmigung eingesetzt hat, ein
Fall, der wohl im Alterthume einzeln vorkam, heute schwerlich vorkommen dürfte.

§. 28.

Willensfreiheit der Contrahenten.

Coacta voluntas, etiam voluntas, lautet ein altes Sophisma.
Ein erzwungener Wille ist eben kein Wille des gezwungenen
Individuums, sondern des Zwingenden. Allerdings ist nicht
jeder Zwang an sich nothwendig ein ungerechter. Denn der
Zwang kann im Dienste des Rechtes, zu dessen Verwirklichung
geübt werden. So begründet der rechtmässige Zwang im
Kriege, in Folge eines, wenn auch für den Gegner drückenden
Friedensschlusses, doch die Verbindlichkeit, den Vertrag ein-
zuhalten. Sonst würde es keinen gültigen Frieden geben, der
Krieg kein Ende nehmen, jeder in einen Vernichtungskrieg
ausarten. Der Friede gründet formelles, aber unanfechtbares
Recht zwischen den Kriegführenden, die aufhören es zu sein,
wie der Richterspruch im Staate zwischen den Processirenden.
In höherem Sinne gilt hier das Wort des Dichters: Die Welt-

geschichte ist das Weltgericht. Begreiflich ist der Schmerz eines gebeugten, gedemüthigten Volkes, zumal eines seit Jahrhunderten kriegsberühmten, das stets eine imponirende Stellung in der Geschichte, im Staatensystem einnahm, begreiflich seine Sehnsucht nach moralischer und politischer Wiedererhebung. Für den Ruf nach **Revanche** hat das Völkerrecht kein Verständniss, findet dafür keine Berechtigung.

Abgesehen von dem hier erörterten Falle rechtmässigen Zwanges ist an dem allgemeinen Grundsatze festzuhalten: Was die Willensfreiheit der Contrahenten, ohne welche kein Vertrag, also auch kein Staatsvertrag zu Stande kommen kann, stört, aufhebt, macht den Vertrag ungültig. Irrthum, der das Wesen des Vertrages, nicht blosse Nebenumstände oder die etwaigen Beweggründe der Contrahenten betrifft; Hinterlist, Zwang, mag er ein physischer oder ein psychologischer sein, der in Androhung eines Uebels besteht, das die Nachtheile des Vertrages überwiegt, wenn der Zwang sich als wirkliche, drohende Gefahr für die persönliche Existenz des Contrahenten oder die Selbstständigkeit des Staates darstellt, wenn er auch kein ungerechter ist, d. h. nicht lediglich zur Erfüllung eines zweifellosen Rechtes angewandt wird: Irrthum also, Hinterlist, Zwang, annulliren den Vertrag. Ein im rechtmässigen Kriege gefangener Monarch, wie Franz I. von Frankreich nach der Schlacht von Pavia, kann, wenn kein unmittelbarer, physischer oder moralischer Zwang gegen ihn angewendet wird, Verträge gültig eingehen (Madrid 1526) und darf dieselben nicht, wie Franz I. that, nach seiner Befreiung für erzwungen erklären. Heutzutage schliesst man nicht mit gefangenen Fürsten, die ihre Souveränetät nicht ausüben können, sondern mit denjenigen Personen oder Körperschaften Frieden, die während der Dauer der Kriegsgefangenschaft die Regentschaft verwalten. Napoleon I. wurde am Schlusse seiner meteorartigen Laufbahn, als Weltfriedensstörer, in eine Art europäischer Acht erklärt und nach St. Helena geführt. Sein Neffe, Napoleon III. (auch seine in ihrer Art merkwürdige Laufbahn dauerte zwei Jahrzehnte wie die des Onkels), wies die preussische Diplomatie, als er in Wilhelmshöhe ein Gefangener sass, an die Regentschaft seiner Gattin in Paris, die aber an demselben Tage (4. September 1870) vertrieben, der republikanischen Regierung Platz machte, mit

welcher erstlich die Präliminarien geschlossen wurden, und am
10. Mai 1871 der definitive Friede zu Frankfurt a. M. zu
Stande kam.

§. 29.

Zustandekommen und Form der Staatsverträge.

Der Vertrag ist ein angenommenes Versprechen. Sobald
die contrahirenden Staaten ihre Willen vereinigt haben, ist
der Vertrag an sich zu Stande gekommen. Einseitige Versprechungen (Pollicitationen) geben dem anderen Theile vor
dessen Annahme kein Recht, es wäre denn, dass gleichzeitig
mit dem Versprechen die Leistung des Versprochenen ganz
oder theilweise begonnen hätte, und der andere sie entgegen-
nimmt, wodurch er seine Einwilligung in den Vertrag thatsächlich erklärt.

Verabredungen zur künftigen Eingehung eines Vertrages
(Tractaten) begründen noch keinen Vertrag, wohl aber haben
diese Wirkung Punctationen, in welchen die Hauptpunkte
eines Vertrages, vorbehaltlich ihrer späteren, detaillirten Bestimmung in einem weiteren, zur Durchführung des ersteren
abzuschliessenden Vertrage mit bereits verbindlicher Kraft
festgestellt werden. Punctationen werden meist im Präliminar-
frieden festgestellt, die Details im definitiven Frieden. Präliminarien von Villa Franca 10. Juli 1859; Friede von Zürich
9. November 1859. Präliminarien von Paris 26. Februar 1871;
Friede von Frankfurt a. M. 10. Mai 1871.

Eine bestimmte äussere Form der Staatsverträge
wird vom Völkerrechte nicht vorgeschrieben. Es giebt zwar
Schriftsteller, die behaupten, alle Verträge zwischen Staaten,
die da unsterblich sind, und Verbindlichkeiten weit über die
Lebensdauer der contrahirenden Souveräne eingehen, müssen
schriftlich abgefasst sein, damit sie nie in Frage gestellt werden, auch der Sinn aus dem durch die Schrift fixirten Wortlaute beurtheilt werden könne. Das sind lauter Klugheits-
gründe, welche die schriftliche Abfassung von Staatsverträgen
räthlich, ja in der Praxis zur Regel machen. Aber zum Wesen,
zur conditio sine qua non der Gültigkeit der Staatsverträge
gehört die Schriftlichkeit derselben nicht. Wie viele schrift-

liche, wenn auch noch so verclausulirte Verträge werden wegen
unklarer Fassung oder auch sonst angefochten? Und können
nicht auch nach bürgerlichem Rechte manche Realverträge,
die oft über die Lebensdauer der Contrahenten hinausreichen,
mündlich abgefasst werden? Die Praxis kennt nur wenige
mündlich eingegangene Staatsverträge. Zum Wesen derselben
gehört aber die schriftliche Form keineswegs. Denn die mündliche Willenserklärung hat dieselbe Wirkung wie die schriftliche. Alles kommt nur darauf an, dass der Wille constatirt wird.

Vermuthete, präsumirte Willen und darauf gegründete
Verträge sind dem Völkerrecht unbekannt. Wohl aber kennt
das Völkerrecht stillschweigende Verträge, welche auf
unzweifelhaften Zeichen oder Thatsachen beruhen, welche den
gesprochenen oder geschriebenen Willen vollkommen vertreten.
Es giebt Handlungen, die den Willen des Handelnden eben
so klar als die klarsten Worte ausdrücken, auch die Absicht,
wie man in der Zukunft handeln wolle, an den Tag legen
(concludente Thatsachen). Alles, worauf es beim Vertrage ankommt, ist ja nur der Beweis der Einwilligung.

Ob übrigens der schriftliche Vertrag in einer Urkunde
oder in mehreren Urkunden, oder in einer Urkunde, die der
andere Theil mündlich annimmt, oder in ausgetauschten Erklärungen, welche den Inhalt des Vertrages constatiren, be-
stehe, ist, wenn nur die Absicht, sich wechselseitig zu verpflichten, zweifellos vorliegt, ebenfalls gleichgültig. Oft werden
so viele Urkunden ausgefertigt, als es Contrahenten giebt, und
um Rangstreitigkeiten bei der Unterschrift zu vermeiden, jedes
Exemplar nur von dem Aussteller unterfertigt, worauf bei Gelegenheit des Austausches der Ratificationen die Urkunden
selbst ausgewechselt werden. Bei einem einzigen, von den
Contrahenten unterfertigten Exemplare gilt die zu oberst
stehende Unterschrift als die des im Range höchst stehenden
unter den Contrahenten, und sofort nach der Reihe abwärts.
Bei mehreren Colonnen für die Unterzeichnenden gilt die in
heraldischem Sinne (dans le sens du blason) rechte Colonne,
d. h. für den Unterfertigenden die linke, und die erste Stelle
in derselben als die vorzüglichste; dann folgt die oberste Stelle
in der rechten Colonne für den im Range Nächsten; die dritte

Stelle nimmt dann der zweite in der linken Colonne ein u. s. f.
Zwischen Staaten gleichen Ranges wird heutzutage je nach
den verschiedenen Exemplaren das Alternat geübt, so dass
jeder Staat in einer der Urkunden den ersten Rang einnimmt.
Um allen Rangstreitigkeiten vorzubeugen, wendet man verschiedene Auskunftsmittel (expédients) an, z. B. Unterschrift
nach alphabetischer Ordnung der Länder u. dgl. Näheres in
der Lehre vom Gesandtschaftsrechte.

§. 30.

Modalitäten der Verträge und Eintheilungen derselben.

Völkerrechtliche Verträge können, wie Verträge der Privaten, vom Eintritte eines gewissen Zeitpunktes oder von Bedingungen abhängig gemacht werden. Ist die Bedingung, die
wie der Vertrag selbst physisch, moralisch, rechtlich zulässig
sein muss, ein Ereigniss, bei dessen Eintreffen der Vertrag
erst in Kraft treten soll, so ist sie aufschiebend, suspen-
siv; hört die Wirksamkeit des Vertrages mit ihrem Eintritte
auf, so ist sie auflösend, resolutiv.

Man unterscheidet, wie schon oben angedeutet wurde,
Präliminar- von Definitiv- oder Schlussverträgen. Jene
bestimmen nur die Hauptpunkte des Vertrages, sind aber nichtsdestoweniger verbindlich, und regeln meist die Rechtsverhältnisse streitender Staaten vorläufig provisorisch, wie der
Definitivvertrag sie endgültig oder in den Einzelnheiten regelt.

Die Staatsverträge zerfallen nicht selten, namentlich um-
fänglichere, in Haupt- und Nebenverträge, welch' letztere meist
zwischen den Bundesgenossen der Hauptparteien und diesen,
oder zwischen jenen allein eingegangen werden. Grossmächte
finden es unter ihrer Würde, andern Verträgen nur beizutreten, sie wollen eigene, selbstständige Verträge schliessen.

Bei der Abfassung von schriftlichen Verträgen unterscheidet man, je nach der Wichtigkeit der Gegenstände, Haupt-
und Nebenartikel, dann Zusatz- und Separatartikel, die nicht
selten, im Gegensatz zu den offenen Artikeln, kürzere oder
längere Zeit geheim gehalten werden. Manchesmal werden die
im Hauptvertrage im Allgemeinen getroffenen Bestimmungen in

eigenen Nebenverträgen (annexes) näher präcisirt, auch um grossen Staaten gegenüber die Form zu wahren. So die Annexe zum Pariser Tractat, welche die sogenannte Neutralisation des schwarzen Meeres, die alte Regel der Pforte bezüglich der beiden Meeresengen, dann die Inseln Aland, betreffen.

Sehr mannigfaltig sind die Staatsverträge je nach Veranlassung und Gegenstand; so Kauf-, Tausch-, Grenzregulirungs-, Servitutenbestellungs- und andere Verträge, wie sie alle nach Verschiedenheit von Inhalt und Zweck heissen. Abgesehen vom Inhalte unterscheidet man zwischen Verträgen, die eine bestimmte Leistung oder Handlung zum Zwecke haben, mit welcher Leistung oder Handlung der Zweck erfüllt ist, dann solchen, die ein bleibendes Verhältniss von Staat zu Staat mit dauernden Rechten und Pflichten für die Contrahenten gründen. Diese letzteren beziehen sich entweder auf den Verkehr: Post-, Eisenbahn-, Handels-, Zoll-, Schifffahrts-Verträge; Verträge über Rechtspflege, Execution fremder Urtheile, Polizei in den Grenzstrecken u. s. f., oder sie sind Gesellschaftsverträge, welche wieder in zwei Gruppen untergetheilt werden. Letztere gründen nämlich entweder: 1. einen bleibenden Verein, einen völkerrechtlichen Staatenbund, einen Zollverein, wie der frühere preussisch-deutsche; Post- und Telegraphenvereine zu einem grösseren Verbande; oder ein Staatensystem organischer staatsrechtlicher Natur, wie den Bundesstaat, oder 2. einfache Bündnisse (Allianzen), sei es für friedliche, sei es für kriegerische Zwecke (Schutz- und Trutzbündnisse) zum Zwecke wechselseitiger Unterstützung für den im Allianzvertrage vorhergesehenen Fall (casus foederis). Eigenthümlich sind in neuester Zeit jene Verträge, wodurch Preussen die Truppencontingente kleiner Staaten mittelst Militärconventionen in sein Heer aufnahm, ja sogar durch sogenannte Administrativverträge, wie mit Waldeck die Verwaltung des Fürstenthums, richtiger factisch die Souveränetät übernahm. Das ehemalige Zollparlament des 1866 geschaffenen Norddeutschen Bundes, das selbst an die Stelle der alten Zollconferenz getreten war, ging seit der Gründung des neuen deutschen Kaiserreiches in dem Reichstage auf, da Zoll- und Handelssachen als Reichsangelegenheit erklärt wurden. Somit nahm auch der alte Zollverein ein Ende, der aus einem preussisch-hessischen, dann thüringischen, endlich baierisch-würtembergischen, 1833 in den preussisch-deutschen Zollverein zusammengebildet, wie Denkende schon damals vorhersahen, durch die Einigung in materiellen Interessen, die politische Einheit unter Preussens Hegemonie vorbereitete.

§. 31.

Bündnisse und Allianzen.

Von förmlichen Allianzen, welche bestimmte Leistungen
(an Truppen, Geld u. s. w.) oder Einräumung gewisser Rechte,
z. B. des Truppendurchmarsches, Besetzung von Festungen,
stipuliren, und meist auf den Kriegsfall berechnet sind, muss
man ein bloss allgemeines Einvernehmen in Bezug auf die in
kritischen Zeiten einzuschlagende Politik wohl unterscheiden.
Wir nennen als Beispiel das in dem gegenwärtigen Zeitpunkte
(1876) viel genannte Dreikaiser-Bündniss der Herrscher von
Oesterreich, Russland und Preussen. Von einem Vertrage ist
bei diesem so verschiedene Phasen durchlaufenden Kaiserbündnisse keine Rede. Denn es liegt keine positive Abmachung,
keine Zusage bestimmter Leistungen vor. Kein Theil ist durch
solche vertrauliche Besprechungen und Aufstellung gewisser
leitender Gesichtspunkte für die so manchen Wechsel, so
manchen unvorhergesehenen Fall mit sich bringende Zukunft
gebunden, keiner beabsichtigte, ihr zu präjudiciren. Aehnlich
verhält es sich mit collectiven oder individuellen Meinungsäusserungen von Monarchen oder anderen Staatsoberhäuptern,
in politischen Dingen, welche ganz allgemeiner Natur sind,
und nicht mit dem Versprechen positiver, bestimmter Leistungen verbunden sind, wenngleich solche Aeusserungen, die keine
förmlichen Staatsverträge sind, von weittragenden Folgen für
die Zukunft sein können. Die Grundsätze der heiligen Allianz
vom 20. September 1815, von den Souveränen Oesterreichs,
Russlands und Preussens persönlich geschlossen, begründeten
eine Art permanenten Interventionsrechtes in die inneren Angelegenheiten der constitutionellen Staaten und fanden ihre
praktische Verwirklichung in den Congressen von Troppau,
Laibach und Verona, in der Intervention der Oesterreicher in
Piemont und Neapel, der Franzosen in Spanien.

Gewissermassen als Rückschlag und Gegenwirkung der
heiligen Allianz ist die berühmte Erklärung des Präsidenten
der Vereinigten Staaten von Nordamerika vom Jahre 1823
(Monroe-Doctrin) anzusehen. Sie besagt, dass die Vereinigten
Staaten sich nie in die inneren Angelegenheiten irgend eines
Staates der alten Welt einmengen werden, und gesonnen
sind, jede thatsächliche Regierung im völkerrechtlichen Verkehr auch als die legitime zu betrachten, dass sie aber auch
keine neue Coloniengründung auf dem amerikanischen Continent zugeben werden. Die nächste Folge dieser Erklärung
war die Anerkennung der staatlichen Existenz der ehemaligen
spanischen Colonien auf dem Festlande Amerikas, die aus
ihrem Kampfe mit dem Mutterlande siegreich hervorgegangen
waren.

§. 32.
Von Conföderationen.

Selbstständige Staaten haben das Recht, zur Erreichung
aller erlaubten, ihnen eigenthümlichen oder mit anderen Staaten
gemeinschaftlichen Zwecke, bleibende Vereine oder Gesellschaften mit diesen Staaten einzugehen, ohne dass solche
Staatengesellschaften ihre Gründung oder Existenz erst fremder Anerkennung bedürfen. Es können vielmehr Confödera-
tionen dieser Art als Summen und Systeme selbstständiger
Staaten auf Völkerverkehr und Völkerrecht Anspruch machen,
Gesandte schicken und empfangen. Auch der Staatenbund
kann, obgleich seine Einzelglieder ihre Souveränetät dem Auslande gegenüber bewahren, da er doch als eine politische Gesammtheit auftritt, das Gesandtschaftsrecht üben. Je lockerer
der innere Verband eines solchen Staatenbundes, desto weniger
praktische Bedeutung hat übrigens sein Gesandtschaftsrecht.
Je inniger er sich gestaltet, je mehr der Staatenbund sich dem
Bundesstaate nähert, desto mehr tritt das Gesandtschaftsrecht
des Bundes in den Vordergrund. Der Bundesstaat, welcher
dem Auslande gegenüber als eine compacte, staatsrechtliche
und politische Einheit da steht, kennt nur ein Gesandtschaftsrecht des Collectivstaates. Daher ist es gewissermassen eine
Ausnahme von der Natur dieses Staatswesens, wenn die Staaten

des neuen deutschen Kaiserreiches, wenngleich nur für interne
Angelegenheiten, noch Gesandte schicken und empfangen dürfen.
Das Gesetz für solche Vereine und Systeme von Staaten
liegt im Grundvertrage derselben, und wo dieser nicht aus-
reicht, treten erforderlichen Falles die allgemeinen Grundsätze
des Völkerrechtes, wie des aus dem Begriffe und Zwecke der
concreten Gesellschaft hervorgehenden Gesellschaftsrechtes er-
gänzend in Anwendung. Rechte und Pflichten der Glieder der
Föderation sind grundsätzlich gleich. Vor- und Nachtheile derselben richten sich nach den proportionellen Beiträgen und
Leistungen zum gemeinschaftlichen Zwecke. Eine Veränderung
des Grundsatzes der Föderation bedarf der Zustimmung sämmtlicher Mitglieder. Welche Mehrheit zu gesetzlichen Beschlüssen
der Vertretung der Gesammtheit sonst erforderlich sei, bestimmt
eben das Grundgesetz derselben.

Jedes Mitglied ist durch den Gesellschaftszweck gebunden und beschränkt, insofern es nichts demselben Widerstrei-
tendes unternehmen kann; dagegen steht ihm frei zu thun,
was jenem Zwecke, wie den übrigen Mitgliedern nicht schadet.
Auf sogenannte jura singulorum, d. h. Rechte der Mitglieder
des Bundes, die ihnen speciell zustehen und ausserhalb des
Bundesverhältnisses liegen, erstreckt sich Gesetz und Gewalt
des Bundes nicht. Rücksichtlich dieser Rechte ist jeder Bundesgenosse dem Bunde und den Bundesgliedern gegenüber wie
ein vollkommen unabhängiger, fremder Staat anzusehen. Sollten
dem einzelnen Staate der Föderation zu Zwecken derselben
grössere Leistungen als die zufolge des Grundvertrages ihm
obliegenden zugemuthet werden, so wäre dazu jedenfalls seine
Zustimmung nothwendig, würde auch die Einhelligkeit aller
übrigen Bundesglieder nicht genügen.

§. 33.
Vertragswirkungen.

Die nächste Wirkung eines völkerrechtlichen Vertrages
ist die Verpflichtung der Contrahenten, Alles, was dem Wortlaute
und Geiste desselben gemäss zu thun, zu leisten, zu entrichten
ist, genau zu erfüllen. Die von dem Souveräne für den Staat,
der unsterblich ist, übernommenen Verpflichtungen übergehen

auf den jeweiligen Nachfolger in der Regierung, es wäre denn,
dass eine rein persönliche, an die Lebensdauer des Verspre-
chenden geknüpfte Leistung versprochen wäre. In der Regel aber
sind Staatsverträge reelle Verträge, die aus ihnen hervorgehenden
Verpflichtungen, wenn ihnen keine bestimmte Fristdauer angewiesen ist, bleibende, von der Person des Regenten, ja selbst
von der Regierungsform unabhängige, so lange der Staat als
Ganzes aufrecht besteht. Soll ein Vertrag nur für die Lebensdauer des vertragschliessenden Souveräns Geltung haben, so
muss dies ausdrücklich bestimmt werden, oder zweifellos aus
der Natur und dem Gegenstande des Vertrages hervorgehen.
Im Zweifel, ob ein Staatsvertrag ein rein persönlicher oder ein
reeller sei, ist er für das letztere zu halten, wenn er dem
Staate günstige Bedingungen enthält, im gegentheiligen Falle
für einen persönlichen. Denn es ist nicht vorauszusetzen, dass
der Souverän dem Staate lästige Bedingungen für ewige Zeiten
habe auferlegen wollen. Zwingen ihn gegebene Verhältnisse,
es dennoch zu thun, so muss es ausdrücklich erklärt werden,
und der dabei wesentlich interessirte andere contrahirende
Theil würde auch sicherlich nicht unterlassen, eine solche Erklärung zu verlangen und zu erwirken. Hat er es zu thun
dennoch unterlassen, dann gilt der Grundsatz, dass es billiger
ist, der eine der Contrahenten werde eines Gewinnes verlustig,
als dass der andere zu einem wirklichen Schaden komme,
d. h. der Vertrag ist als ein persönlicher anzusehen.

Wenngleich der Uebergang vertragsmässiger Verpflichtungen auf den Nachfolger in der Regierung bei reellen Verträgen zweifellos ist, pflegt doch nach heutigem Völkerrechte
ein neuer Souverän die Verträge und Allianzen des Vorgängers
zu bestätigen, feierlich anzuerkennen, sein Wort mit dem schon
gegebenen des Vorgängers zu verbinden. Uebrigens wird jetzt
im Vertrage selbst die Zeitdauer, ob er für ewig, also jedenfalls
reell, für eine bestimmte Zeitdauer, für Lebenszeit des Souveräns geschlossen ist, genau angegeben. Dem Verpflichteten
sind zur Erfüllung des Vertrages billige Fristen zu gewähren,
und darf er, wenn die Erfüllung nicht an einen genau bestimmten
Zeitpunkt gebunden ist, die Aufforderung des Berechtigten
abwarten, so dass er früher nicht für die nachtheiligen Folgen
des Versäumnisses (mora) zu haften haben wird.

Dritten Staaten, die am Vertrage keinen unmittelbaren
oder mittelbaren Antheil genommen haben, bringt derselbe
weder Vor- noch Nachtheil. Gegen wirkliche oder vermeinte
Verletzungen ihrer Rechte, oder mögliche Gefahren können
dritte Staaten sichernde Massregeln ergreifen, Verwahrungen
(Protestationen) einlegen, obgleich diese, oft nur der Form,
des Decorums wegen gemacht, den Eintritt eines vertrags-
mässigen Rechtsverhältnisses zwischen den Contrahenten nicht
behindern können noch sollen. Der Papst protestirte wegen
Säcularisirung geistlicher Besitzungen und Stiftungen gegen
den westphälischen Frieden (1648), wie gegen den Wiener
Congress (1815), gegen letzteren auch wegen des österreichischen Besatzungsrechtes in Ferrara und Camacchio und der
Abtretung eines Striches am linken Poufer an Oesterreich.
Der Johanniter-Orden protestirte gegen die Nichtzurückstellung
von Malta; der Exkönig von Schweden, Gustav IV., gegen
die Thronbesteigung Bernadotte's als Carl Johann XIV. Auf
den Rechtszustand Europas nahmen alle diese Protestationen
keinen Einfluss.

§. 34.
Auslegung der Verträge.

Sie muss nach der klar erkennbaren Absicht der Vertragschliessenden, nach dem den Worten beizulegenden ver-
nünftigen Sinne gemacht werden. Die grammatische und
logische Interpretation müssen Hand in Hand gehen, sich
wechselseitig unterstützen. Nicht der, ob auch zunächst in Betracht kommende Wortlaut, sondern die durch ihn auszu-
drückende, eigentliche Absicht der Contrahenten ist entscheidend. Daher kann selbst die Analogie, d. i. die Anwendung
der Grundsätze des Vertrages, auf Fälle, die zwar in demselben
nicht ausdrücklich bezeichnet sind, aber zweifellos unter die
Absicht und Motive des Vertrages subsumirt werden müssen,
bei der Auslegung massgebend sein. Ein Vertrag stipulirt
z. B., dass ein Ort nicht mit Verschanzungen umgeben werden
darf. Gewiss wäre es dann unstatthaft, ihn unter dem Vorwande, es sei nur von Verschanzungen die Rede, mit Mauern
zu umgeben.

In verbindlicher Weise kann die Auslegung völkerrechtlicher Verträge nur durch Einverständniss der Contrahenten,
oder in Folge ihrer Zustimmung durch einen Schiedsrichter
(arbiter) zu Stande kommen; sonst ist die Auslegung nur einseitig, nur Unterstützungsgrund der Ansprüche von der einen,
oder der Abweisung von der andern Seite, nicht für Staaten
verbindlich, die keinen Oberrichter anerkennen.

§. 35.

Befestigungsarten der Verträge.

Religiöse Feierlichkeiten, wie sie bei den Alten, z. B. den
Römern durch die Fetialen bei Eingehung von Staatsverträgen
zu deren Bekräftigung stattfanden, sind heut zu Tage nicht
mehr üblich. Selbst der Eid, als Berufung auf Gott, als den
Rächer des Vertragsbruches, den im Mittelalter die Gesandten
auf die Seele des Fürsten oder des Volkes schwuren (in animam
principis aut populi), ist seit dem achtzehnten Jahrhunderte als
Bekräftigungsmittel öffentlicher Verträge aus dem Gebrauche
gekommen. Unsittliches, Rechtswidriges kann und konnte natürlich durch den Eid nicht gefestigt, weil nicht versprochen
werden. Mentalreservationen, Dispens vom Eide und Vertrage
durch den Papst oder dessen Legaten wurden von den Bessern
der Zeitgenossen auch im Mittelalter verurtheilt.

Bestellung von Unterpfändern kommt dagegen, wenn
gleich selten, auch heut zu Tage vor, gewöhnlich mit Uebergabe des Pfandobjectes in den zeitlichen Besitz des Gläubigers
bis zur Abtragung der Schuld. Am seltensten kommen Faustpfänder, d. i. bewegliche Sachen, wie Kleinodien als Pfand-
gegenstände vor.

Die im Privatrechte verbotene lex commissoria, welche
das Pfand bei Nichtleistung der Schuld im bestimmten Zeitpunkte dem Gläubiger von selbst für verfallen erklärt, wäre
wohl an sich im öffentlichen Rechte nicht unzulässig, wurde
auch in früheren Zeiten nicht selten stipulirt, ist jedoch im
heutigen Völkerverkehre nicht mehr praktisch.

Geiseln (obses, ôtage) sind Personen, die einem Staate
bis zur Abtragung der Schuld, und als Sicherheit für dieselbe

überliefert werden. Nicht sie sind es, die persönlich für die
Schuld haften; ihr Staat ist und bleibt der Schuldner. Der
Gläubiger hat nur das Recht, die persönliche Aufenthaltsfreiheit
des Geisels bis zur Abtragung der Schuld zu beschränken.
Selbst der Eintritt der Verfallszeit giebt dem Gläubiger unter
gesitteten Völkern kein weiter gehendes Recht. Für den Unter-
halt des Geisels muss der Schuldner sorgen, wie schon im
Mittelalter bei dem sogenannten Einlager, Einreiten (hostagium),
wenn der Schuldner dem Gläubiger einen Vasallen oder reisigen
Mann als lebendes Pfand in die Burg schickte.

Flieht der Geisel, so hat der Gläubiger ihn zurückzubringen oder einen Ersatzmann zu stellen.

Der Tod des Geisels bringt aber keine Verpflichtung
mit sich einen neuen zu geben. Denn eine neue Sicherheit,
wenn die alte ohne Verschulden des Verpflichteten erloschen
ist, setzt einen neuen Neben- oder accessorischen Vertrag voraus, ist nicht selbstverständlich. Ein gesetzliches, stillschwei-
gendes Pfandrecht, das nicht erst vertragsmässig bedungen zu
werden braucht, kommt im Privatrechte, und auch in diesem
nur ausnahmsweise z. B. zu Gunsten gewisser privilegirter
Forderungen vor, ist dem Völkerrechte unbekannt. Sicherheit
für die Hauptforderung muss hier besonders stipulirt werden,
ob formell in und mit dem Vertrage über die zu sichernde
Forderung oder in einem gesonderten Documente, ist in der
Sache gleichgültig.

Ist die Hauptverpflichtung, für welche der Geisel bestellt
wurde, getilgt, so muss der letztere, weil der Grund der Bestellung weggefallen ist, in Freiheit gesetzt werden.

Die Pflicht des Geisels, sich ausliefern zu lassen, beruht
auf seiner Bürgerpflicht einerseits und anderseits auf dem
Hoheitsrechte des Staates, Personen und Eigenthum im Nothfalle zu Staatszwecken zu verwenden. Deshalb muss der
Geisel, während er es ist, vom Staate erhalten und ausserdem
entschädigt werden. Das Recht Geisel zu bestellen hat somit
der Souverän oder mit dessen ausdrücklicher oder stillschwei-
gender Genehmigung Gesandte, Generäle u. a. Als Geisel
werden, um Sicherheit zu bieten, meist angesehene Personen,
aber in beschränkter Zahl bestellt. Mit Genehmigung des
Gläubigers kann sich der Geisel zeitlich durch ein anderes

Individuum vertreten lassen. Stirbt der Geisel, wird der
Substitut frei, da er nur den lebenden Geisel zu vertreten
hatte; umgekehrt wird der Geisel durch den Tod des Sub-
stituten nicht frei, muss sich vielmehr wieder stellen. Anders
verhält es sich beim förmlichen Austausch eines Geisels gegen
eine andere Person. Da ist nur der neu eintretende gebunden,
wird der frühere ganz befreit.

Wird ein fürstlicher Geisel zum Throne berufen, so
muss er gegen Stellung eines volle Sicherheit bietenden Geisels
in Freiheit gesetzt werden, vorausgesetzt dass der bestellende
Staat nicht selbst wortbrüchig ist. Sonst gilt mit Recht die
Voraussetzung, dass der Staat für einen solchen Fall die Fortsetzung der Geiselschaft eben so wenig beabsichtigt hat, als
er den regierenden Fürsten selbst ursprünglich zum Geisel
bestellt hätte.

§. 35 (a).

Insbesondere von der Garantie als Befestigungsart der Staatsverträge.

Die Garantie (vom germanischen Gewähre, Bürge, ro-
manisirt und in der neuen Form wieder aufgenommen, Garantie)
ist eine seit frühesten Zeiten bekannte Befestigungsart von
Verträgen. Im Mittelalter standen Vasallen als Gewährsmänner
(warrandi, garants) für Verträge ihrer Lehensherren ein, so beispielsweise noch 1491 im Friedensvertrage von Senlis zwischen
Maximilian I. von Oesterreich und Carl VIII. von Frankreich.
Mit dem Uebergange des Lehenswesens in die Unterthanschaft
und der Consolidirung der neuen Monarchie nahm diese Form
der Garantie wie natürlich ein Ende. An die Stelle der Vasallen traten die Staaten. Die Garantie besteht in der Verpflichtung, einen bestimmten Vertrag, den durch ihn begründeten Rechts- oder Besitzstand gegen fremde Eingriffe zu
schützen, eventuell auch mit Waffengewalt zu vertheidigen.
Die Garantie beruht ebenfalls auf einem Vertrage, einem
Neben- oder accessorischen Vertrage, zur Verstärkung und Befestigung des garantirten Hauptvertrages. Häufig kommt kein
dritter Staat als Garant vor, sondern es garantiren sich die

Contrahenten wechselseitig den Vertrag. Selten, und mit der
Würde gleichberechtigter Contrahenten nicht wohl vereinbar
ist der Fall, dass die Garantie nur einseitig, etwa von einem
übermüthigen Sieger dem andern Contrahenten ertheilt wird.
Der Garantievertrag wird meist in den Hauptvertrag als ein,
wenn auch nur accessorischer Bestandtheil desselben mit aufgenommen. Viele Verträge, z. B. der vom 10. Mai 1871 zwischen
dem deutschen Reiche und Frankreich abgeschlossene, enthalten
gar kein Garantieversprechen, sind aber, was keines Beweises
bedarf auch ohne dasselbe gültig.

Die Garantie ist entweder eine allgemeine, oder erstreckt sich nur auf bestimmte, zu gewährleistende Rechte aus
dem Vertrage; sie kann für die ganze Dauer der Hauptver-
bindlichkeit oder nur für eine bestimmte Zeit gelten.

Die Wirkung der Garantie besteht zunächst darin,
dass der Garant, wenn der vorgesehene Fall der Garantie eintritt, alles, was an ihm liegt, aufbieten muss, dem gewähr-
leisteten Vertrage Geltung zu verschaffen, die Hindernisse derselben zu beseitigen. Wird ein Garant von beiden Staaten,
denen er die Garantie zusagte, angerufen, so hat er, wie überhaupt und in jedem Falle, das Recht der selbstständigen Entscheidung, ob und wem er beizustehen habe.

Im September des Jahres 1876 stellen, wie die Zeitungen
melden, die europäischen Grossmächte an die Türkei die Forderung, sie solle den Provinzen: Bulgarien, Bosnien und Herze-
gowina eine ausgedehnte Autonomie verleihen, Garantien für
die Verwirklichung dieser Forderung und zwar unter der Con-
trole der Grossmächte bieten. Passt diese Garantie, auch
unter den Begriff der völkerrechtlichen Garantie, wie er oben
aufgestellt wurde? Die Pforte selbst ist es, welche sie bieten,
zu Gunsten ihrer Unterthanen fremden Staaten bieten soll.
Das wäre wohl eine von der Pforte selbst gebotene Handhabe
zu permanenter Intervention in ihre inneren Angelegenheiten,
aber eher eine Abdication als eine Bethätigung der Souveränetät. Allerdings soll hier nur der rein international rechtliche Standpunkt der Frage berührt werden. Ob jene Forderung nicht durch die inneren Zustände der Türkei und europäische Nothwendigkeit hervorgerufen worden ist, gehört einem
andern Kreise von Erwägungen an.

Eine vollständige Aenderung des Vertrages durch die Contrahenten selbst, wodurch Gegenstand und Wesen desselben umgestaltet wird (Novation), hebt die Verpflichtung des Garanten auf, weil mit der Novation der gewährleistete Vertrag aufgehört hat zu existiren, um einem andern Platz zu machen. Eben so wenig kann dadurch, dass die Contrahenten in dem Documente des garantirten Vertrages einen älteren Vertrag bestätigt haben, dem Garanten, dessen Absicht nur auf den eigentlichen Vertrag, den er garantirt, gerichtet ist, Recht oder Pflicht erwachsen, auch den in der Urkunde citirten älteren Vertrag mit zu garantiren. So wurde der westphälische Friede in allen späteren grossen Verträgen bis zum neunzehnten Jahrhunderte herab, citirt und erneuert, insbesondere auch im Teschener Frieden (1779), durch welchen der baierische Erbfolgekrieg beendigt wurde. Aber da von den beiden bei diesem Frieden vermittelnden Mächten, zugleich dessen Garanten, Frankreich und Russland, nur ersteres auch als Mitcontrahent des westphälischen Friedens, denselben garantirt hatte, war der Anspruch, dass auch Russland diese weitere Garantie mit übernehme, im Rechte keineswegs begründet.

§. 36.

Erlöschen der Vertragsverbindlichkeiten.

Vertragsverbindlichkeiten erlöschen:

Durch die wirkliche Erfüllung, wenn es sich um eine vorübergehende, mit einem Male zu erfüllende, nicht fortdauernde Leistung, sonst mit Leistung der letzten Rate, handelt; durch Eintritt einer auflösenden (resolutiven) Bedingung, oder den Ablauf der vertragsmässig bestimmten Zeit, während umgekehrt bei einer suspensiven (aufschiebenden) Bedingung der Vertrag erst mit ihrem Eintritte in Wirksamkeit tritt; durch Aufkündigung (denunciatio), wenn das Recht dazu im Vertrage vorbehalten wurde; durch wechselseitige Aufhebung eines wechselseitig verbindlichen Vertrages, wenn nicht ein Dritter beim Vertrage als Berechtigter betheiligt ist; durch Verzicht des aus dem Vertrage allein Berechtigten; durch gänzlichen, von keinem Theile verschuldeten Untergang des Vertragsgegenstandes.

In wie fern der Krieg Verträge aufhebe, ist im Rechte
des Krieges zu erörtern.

Ein einseitiges Zurücktreten von einem beiderseitig
verbindlichen Vertrage ist im Princip unstatthaft, nur höchst
ausnahmsweise zulässig, wenn die Erfüllung des Vertrages
einem Theile verderblich, mit dessen Staatsverfassung unvereinbar würde. Die clausula rebus sic stantibus ist dem Miss-
brauche ausgesetzt, ein Vorwand für Treulosigkeit, aber doch
auch mit Wahrheit und gutem Glauben in einzelnen Fällen
vereinbar. Abusus non tollit usum.

Ein Vertrag kann übrigens vor Ablauf der Zeit, für die
er eingegangen wurde, oder auch später, in letzterem Falle
ausdrücklich oder stillschweigend, d. i. durch factische, fortgesetzte Erfüllung, erneuert werden, wie überhaupt durch
Thatsachen, welche über die Absicht, den Vertrag zu erneuern,
keinen Zweifel lassen. Bei einer stillschweigenden Erneuerung
ist vorauszusetzen, dass der Vertrag unter denselben Bedingungen, und für dieselbe Zeit wie ursprünglich fortgesetzt
wird. In einzelnen Verträgen wird die Nichtaufkündigung vor
Ablauf der Vertragszeit oder nach Ablauf des stipulirten Kün-
digungstermines von vornhinein als Erneuerung des Vertrages
erklärt.

§. 36 (a).

Von Nichtzuhaltung der Vertragspflichten.

Wenn ein Theil seine Vertragspflicht nicht erfüllt, vom
Vertrage ohne vollkommen zureichenden Grund zurücktritt,
kann der andere Theil jenen entweder mit allen völkerrechtlich
zulässigen Mitteln zur Erfüllung des Vertrages verhalten, oder
wenn er es vorzieht, seinerseits den Vertrag annulliren. Die
Verletzung einer einzelnen Bestimmung eines Vertrages berechtigt den andern Theil nichtsdestoweniger vom ganzen
Vertrage zurückzutreten, dessen einzelne Artikel, wenn auch
verschiedene Objecte betreffend, doch mit einander zusammen-
hängen, sich wechselseitig ergänzen und oft compensiren. Die
Wahl steht dem Berechtigten eben frei, auf der Erfüllung des
einzelnen Artikels zu beharren oder den ganzen Vertrag auf-

zulösen. Was er wählt, ist Sache seines Rechtes und der Staatsklugheit. Manchesmal fügt man aus Vorsicht dem Vertrage die Clausel hinzu, dass die Verletzung einzelner Vertragsartikel nicht den ganzen Vertrag breche, damit nicht ein Theil wegen einer geringfügigen Verletzung sich seiner Verbindlichkeit entschlage.

§. 36 (b).
Von Verbindlichkeiten der Völker ohne Vertrag.

Solche können entstehen erstlich aus erlaubten Thatsachen, aber nach Art und in Analogie der Vertragsverbindlichkeiten (quasi ex contractu), in ähnlicher Weise wie nach dem Civilrechte. Sie äussern ihre Wirkung entweder mit nur einseitiger Verpflichtung, z. B. wegen freiwilliger Annahme einer Zahlung oder Leistung zu einem bestimmten rechtlichen Zwecke, dessen Existenz jedoch eine irrthümliche auf Seiten des Leistenden war, oder dessen Erreichung unmöglich geworden ist. Es kann aber auch zweitens aus einem gewissen Verhältnisse, z. B. dem der Geschäftsführung ohne Auftrag, oder einer zufällig entstandenen Gemeinschaft, eine gegenseitige Verpflichtung, von der einen Seite zur Rechenschaftslegung, von der andern zur Schadloshaltung für Mühe und aufgewandte Kosten, entstehen.

Aber auch aus unerlaubten Handlungen können, analog den Delicts-Obligationen, Verbindlichkeiten eines Volkes gegenüber von dem in seinem Rechte verletzten Volke entstehen. Von einem Strafrechte kann hier selbstverständlich keine Rede sein, wohl aber von Genugthuung für den in seinem Rechte gekränkten Theile.

Wird die geforderte Genugthuung dem reclamirenden Staate nicht geleistet, dann kann der verletzte Staat dieselbe im Wege der Selbsthülfe suchen und sich verschaffen. Aber auch mächtige Staaten pflegen bei wirklichem, offen liegendem Unrechte selbst minder mächtigen die Genugthuung nicht zu versagen. Man giebt sie ausser dem Ersatze des etwa zugefügten materiellen Schadens durch Gesandte und Erklärungen. Auch exterritoriale Personen sind nicht berechtigt, fremde

Staaten oder ihre Angehörigen zu schädigen. Besitzt man auch
ihnen gegenüber kein Strafrecht, so hat man doch das Recht
der Nothwehr, des Anhaltens, das Recht endlich vom Staate
des Exterritorialen Genugthuung, nicht minder, wie überhaupt
bezüglich fremder Unterthanen, die nicht in unserem Bereiche
sind, auch Bestrafung zu verlangen. Solche Rechtsverletzungen,
wie die durch exterritoriale Personen, kommen in gesitteten
Zeiten wohl nicht mehr vor, dagegen zahlreiche Beispiele von
Genugthuung der Staaten für zugefügte Rechtsverletzungen.

ZWEITER THEIL.

Vom Rechte des Krieges.

—————

I. Hauptstück.

§. 37.

Von den Mitteln, Völkerstreitigkeiten beizulegen.

Nur von Streitigkeiten zwischen einzelnen, vollkommen
souveränen und selbstständigen Staaten ist hier die Rede.
Zwischen Staaten, welche durch ein völkerrechtliches Föderativ-
system, wie im Staatenbunde, oder zu einem Gesammtstaate
staatsrechtlich vereinigt sind, ist ein Krieg rechtlich unmöglich, giebt das Bundesgesetz die Mittel zur Beilegung der
zwischen den Bundesgliedern entstehenden Streitigkeiten. So
bestand für die Staaten des deutschen Bundes das Austrägal-
gericht zur Austragung und endgültigen Entscheidung von
Streitigkeiten der Bundesglieder; so besteht ein Bundesgericht
mit ähnlicher Competenz in den Vereinigten Staaten von Nordamerika. Thatsächlich kann trotz solcher Institutionen, trotz
des Bundeszweckes, Krieg zwischen seinen Gliedern stattfinden,
so der Krieg des Jahres 1866, der zur Auflösung des deutschen Bundes nach fünfzigjährigem Bestande führte, so der
Bürgerkrieg in Nordamerika (1861—1865), der mit endlicher
Besiegung der Secessionisten und neuerlicher Festigung des
Bundes seinen Abschluss fand.

6*

Streitigkeiten zwischen selbstständigen, nicht zu einem
bleibenden Systeme verbundenen Staaten entstehen über Rechtsansprüche der Staaten oder Souveräne, nicht minder auch über
Ansprüche von Privaten, deren Rechte im Auslande gekränkt,
und desshalb von ihrem Souveräne in Schutz genommen
werden.

Zum äussersten Mittel, zur Selbsthülfe, darf der Staat
aber in solchen Fällen erst schreiten, wenn alle gütlichen,
jedenfalls aber minder gewaltsamen Mittel Genugthuung zu
erlangen, versucht und fruchtlos versucht worden sind.

Zu den gütlichen Mitteln, von denen hier die Rede
ist, gehören vorerst diplomatische Unterhandlungen zur
Aufhellung streitiger Ansprüche, darauf bezügliche Rechts-
nachweise (Rechtsdeductionen) u. dgl. Auch auf das Loos
können, obgleich es in der Wirklichkeit selten vorkommen
wird, wenn es sich um zweifelhafte Fälle handelt, die Parteien
sich vereinbaren.

Ganz ungebräuchlich ist heutzutage, abgesehen davon,
dass dabei doch nicht von Gütlichkeit des Mittels die Rede
sein kann, der Zweikampf als Mittel zur Entscheidung von
Völkerstreitigkeiten. Der Krieg selbst ist ja nur ein Zweikampf
der Völker im Grossen — Graecia barbariae lento collisa
duello, sagt Horaz vom trojanischen Kriege — freilich ein
Kampf, viel blutiger, schrecklicher, als der gewählter, weniger
Kämpfer, die wie die Horatier und Curatier, im Namen von
Völkern deren Fehde auszufechten berufen waren. Carls V.
Herausforderung an Franz I. von Frankreich, ein historisches
Curiosum, ist ein Nachhall des Mittelalters und Ritterthums.

Der schiedsrichterliche Spruch, ein in der Neuzeit
zu immer grösserer Bedeutung gelangendes Mittel zur Entscheidung völkerrechtlicher Controversen, beruht auf dem
Compromiss, einem darauf gerichteten Vortrage der betreffenden Staaten. Der gewählte Schiedsrichter, wenn er die Wahl
annimmt, ist in der Regel ein Souverän, der aber eben so
regelmässig zur Urtheilsfällung einen Delegirten absendet.
Werden mehrere Schiedsrichter gewählt, muss ein Obmann
(superarbiter) von den Parteien oder mit ihrer Zustimmung von
den Schiedsrichtern (arbiter, arbitri) gewählt werden, um bei
gleich getheilten Stimmen zu entscheiden. Die Entscheidung

betrifft entweder einen streitigen Grundsatz, ein Rechtsprincip, die Natur eines concreten Rechtsanspruches (arbitrium) oder nur die bestrittene Durchführung eines an sich nicht streitigen Rechtssatzes, z. B. bei der Regelung eines Grenzzuges (arbitratio). Die Grundlage der Entscheidung wird entweder durch im Compromisse aufzustellende leitende Punkte gegeben, oder den mit allen Beweisesbehelfen auszustattenden Schiedsrichtern die volle Entscheidung (ex bono et aequo), mit Berücksichtigung des strengen Rechtes wie der temperirenden, moderirenden Billigkeit überlassen. Ihr Ausspruch ist selbstverständlich inappellabel, unumstösslich, aber mit der allbekannten, ebenso selbstverständlichen Clausel: salvo errore calculi, doli, ommissionis. Die mala fides eines Schiedsrichters, ein Ausspruch auf Grundlage nachweisbar falscher Documente oder Zeugenaussagen macht die sententia arbitri eben so ungültig, wie innere Nullität jeden Richterspruch.

Das Schiedsgericht in der berühmten Alabama-Frage, welches 1872 in Genf sass, verurtheilte England zu circa drei Millionen Pfund Entschädigung an Nordamerika für Verheerungen, welche in englischen Häfen gebaute, zum Theile auch ausgerüstete Kaper gegen Handelsschiffe der Nordstaaten der Union im letzten Bürgerkriege verübten. Italien, die Schweiz, Brasilien, d. h. deren Delegirte, bildeten mit denen der streitenden Parteien das Schiedsgericht. Das stolze England vergab sich nichts, wenn es sich dem Ausspruche des Schiedsgerichtes unterwarf, welcher einem Kriege vorbeugte, der Ströme Blutes vergossen, den Nationalwohlstand der mächtigsten zwei Handelsstaaten der Erde auf unabsehbare Zeit hinaus geschädigt hätte.

Die Friedensfreunde wollen ein permanentes, allgemeines Schiedsgericht, das jeden Krieg für alle Folgezeit verhindern soll. Das ist wohl leider nur ein frommer Wunsch, wie der Völkerareopag St. Pierre's, Kant's, Johann Jacob Rousseau's, der alle Streitigkeiten zwischen Völkern definitiv entscheiden soll. Praktischer schon ist der in den Parlamenten Italiens und Belgiens angenommene Vorschlag, künftighin in jedem einzelnen Vertrage für den Fall nachträglich erhobener Controversen im vorhinein auf die Constituirung eines inappellabeln Schiedsgerichtes Bedacht zu nehmen, welchem allfällige Meinungsdifferenzen der Parteien dergestalt und zwar obligatorisch zur

Entscheidung vorgelegt werden sollen, dass entweder gewisse massgebende Punkte für die Schiedsrichter unter einem fixirt werden, oder die gesammte Entscheidung der vollkommen autonomen richterlichen Macht der Schiedsrichter unterstellt wird. Das erstere trat z. B. bei der Alabama-Frage ein, indem durch ein zwischen England und Nordamerika am 8. Mai 1871 zu Washington geschlossenes Uebereinkommen den Schiedsrichtern in den sogenannten drei Regeln von Washington leitende Principien für ihre Entscheidung an die Hand gegeben wurden, was nicht hinderte, dass nachträglich die Frage wegen der indirecten Schäden, welche die nordamerikanische Regierung plötzlich aufwarf, neue Schwierigkeiten schuf, die aber auch von dem Schiedsgerichte beseitigt wurden.

Erst wenn die oben erwähnten Vorschläge Italiens und Belgiens durch Gewohnheit in's Völkerleben gedrungen sind, werden die Schiedsgerichte verallgemeint und ein Segen für die von riesigen Armeen und Kriegen erschöpfte europäische Staatenfamilie werden.

Der Pariser Tractat von 1856 besagt zwar im Protokoll vom 14. April, die Regierungen wünschen, dass Staaten, zwischen welchen ernste Misshelligkeiten entstehen, bevor sie zu den Waffen greifen, insofern es die Umstände gestatten, die bons offices einer befreundeten Macht in Anspruch nehmen werden. Aber dieser Wunsch, mehr ist es nicht, wie verclausulirt ist er ausgesprochen, wie vag und unzureichend!

§. 37 (a).
Insbesondere von der Vermittlung.

Die Vermittlung (mediatio), von dem keinerseits verbindlichen Anerbieten freundlicher Dienste (bona officia) wohl zu unterscheiden, beruht, wie der schiedsrichterliche Spruch, auf einem Vertrage. Der Vermittler (médiateur) übernimmt vertragsmässig die Verpflichtung, den Streit, wenn thunlich, auszugleichen, jedenfalls nach Kräften zur Annäherung extremer Meinungen und Forderungen beizutragen. Für den Erfolg kann er selbstverständlich nicht einstehen. Man wählt Vermittler, um dem Kriege vorzubeugen, oft selbst während des Krieges, zumal

wenn beide Parteien bereits kriegsmüde sind, am häufigsten
deshalb auf Friedenscongressen. Im westphälischen Friedenscongresse vermittelte der Papst durch seine Legaten zwischen
dem Kaiser und Frankreich zu Münster, Venedig zwischen
dem Kaiser und Schweden in Osnabrück; am Teschener Congresse (1779) Russland und Frankreich zwischen Oesterreich
und Preussen. Eben weil die Vermittlung erst durch einen
Vertrag in's Leben tritt, kann man die angebotene zurückweisen. So schlug Schweden 1643 die von Dänemark angebotene Vermittlung aus, erklärte ihm vielmehr den Krieg; so
schlug Oesterreich 1848 die englische Vermittlung in Ober-
Italien aus.

Wird die Vermittlung angenommen, dann nimmt der
Vermittler bei Zusammenkünften die erste Stelle ein, und alle
Verhandlungen der Parteien gehen durch seine Hand. Er soll
ja eben die erbitterten Gemüther auseinander halten, sänfti-
gen, zur wechselseitigen Nachgiebigkeit bewegen. Oft, ja
meistens garantirt auch der Vermittler den durch seine Mitwirkung zu Stande gebrachten Vertrag. Eine schiedsrichterliche
Gewalt hat er nicht, wenn sie ihm nicht eigens oder unter
einem mit dem Vermittleramte übertragen wird. Sein Amt
endet, wenn entweder eine Annäherung der Parteien gelingt,
ein Vertrag zwischen ihnen zu Stande kommt, oder wenn
seine auf diesen Zweck gerichteten Bemühungen keinen Erfolg hatten.

Man spricht auch von einer bewaffneten Mediation,
ohne zu bemerken, dass Haupt- und Beiwort mit einander im
Widerspruche stehen, dass der sonderbare Terminus nur eine
Maske für Interventionen ist, eine Maske, die Niemanden
täuscht. Ein anderes ist es, wenn man auf eine angebotene
und zurückgewiesene Vermittlung zum Gebrauche der Waffen,
zur bewaffneten Intervention schreitet. Wohl giebt es
eine Intervention gütlicher Art — man nennt sie besser Intercession — aber keine bewaffnete Mediation. Im Jahre 1827
boten Frankreich, England und Russland der Pforte erst ihre
guten Dienste, dann ihre Mediation im Kampfe mit den
Griechen an. Begierig griffen die letzteren nach diesem Anbote,
das die Pforte stolz zurückwies. Die Seeschlacht von Navarino
wurde im October 1827 geschlagen. Jetzt nahm die Pforte

die Mediation an, aus welcher endlich das Königreich Griechenland hervorging, während vor Navarino noch von einem tribut-
pflichtigen Griechenland die Rede war.

§. 38.

Gewaltmassregeln ausser dem Kriege.

Scheitern alle gütlichen Mittel, so können Gewaltmassregeln ergriffen werden, die zwar als Selbsthülfe, aber noch
immer nicht als die äusserste des Krieges erscheinen, im Ver-
laufe oft in diesen übergehen. Dazu gehören Retorsionen
und Repressalien. Der wesentliche Unterschied zwischen
beiden besteht darin, dass jene gegen eine Unbilligkeit (ini-
quitas), diese gegen eine Ungerechtigkeit (injustitia) gerichtet sind.

Unbillig ist jede ungleiche Behandlung eines Staates oder
seiner Angehörigen im fremden Staate, im Verhältnisse zu
den eigenen Unterthanen oder zu Unterthanen dritter Staaten.
Blosse Verschiedenheiten in der Gesetzgebung der einzelnen
Staaten begründen keine Retorsion, weil sie keine Unbilligkeit
enthalten. Es kann wohl zufolge solcher Verschiedenheit der
Fremde in einzelnen Fällen, z. B. als Erbe, Legatar, Gläubiger
im Concurse u. s. w. minder gut daran sein, als er unter
gleicher Voraussetzung in seinem Vaterlande wäre, aber er
kann sich nicht beklagen, da er doch nicht verlangen kann,
besser als die Unterthanen des andern Staates behandelt zu
werden. Und dies gilt auch dann, wenn der eigene Staat des
Ausländers im gegebenen Falle keinen Unterschied kennt,
wo ihn der fremde Staat statuirt, z. B. bezüglich des Rechtes
Immobilien zu erwerben, keinen Unterschied des Standes oder
der Confession, wie etwa in einem andern Staate kennt. Nur,
wenn der Fremde als Ausländer, und weil er es ist, anders
als der Inländer in Beziehung auf das bürgerliche Recht behandelt würde — von politischen Rechten, welche die Staatsbürgerschaft voraussetzen, ist hier keine Rede — nur dann
kann die Anwendung der Retorsion (von retorquere), d. h. gleiche
Behandlung der fremden Unterthanen in ähnlichen Fällen eintreten.

Die Retorsion ist somit nur die Anwendung des Grundsatzes der Reciprocität, wegen unbilliger Behandlung.

So werden, wenn fremde Staaten unsere Waaren mit übermässigen Einfuhrzöllen belegen, auf die Einfuhr von Provenienzen jener Staaten, die natürlich andere Objecte treffen können, unsererseits höhere Zölle gelegt. Auch kann man den Vorwurf der Unbilligkeit nicht etwa dadurch beseitigen, dass die hohen Zölle alle fremden Staaten gleichmässig treffen, denn erstlich hat kein Staat sich nach dem zu richten, was ein anderer sich gefallen lässt, und hört eine Unbilligkeit durch die Allgemeinheit ihrer Anwendung nicht auf, eine Unbilligkeit zu sein.

Besteht auch die Retorsion, sofern thunlich, in der Erwiederung der unbilligen Behandlung, so ist sie doch grundsätzlich keine Talion, wenn sie gleich in einzelnen Fällen die Wirkung einer Talion äussern mag. Die Talion, als genaue Erwiederung einer Rechtskränkung, ist weder in Form von Retorsion noch in der von Repressalien zulässig. Als Rache ist sie eben so vom Sitten- wie vom Rechtsgesetze verboten; als moralische Ausgleichung darf sie der Mensch nicht üben, sich nicht vermessen, in die Aufgabe der Vorsehung frevelnd einzugreifen; als rechtliche Vergeltung oder Strafe wäre sie nur in den seltensten Fällen, und auch da nur mit Rechtsverletzung gegen dritte Unschuldige anwendbar, also selbst widerrechtlich. Factisch kann, wie gesagt, im einzelnen Falle die Retorsion eine Talion sein, zum Grundsatze kann letztere nicht erhoben werden. Nur in höchst seltenen, traurigen Fällen ist sie noch im Kriege zulässig, aber auch dann nur gegen die Schuldigen anwendbar. Richtiger gesagt, übergeht dann die Retorsion in kriegerische Repressalien. Hier aber ist nur von Repressalien ausserhalb des Krieges die Rede.

Repressalien bestanden ursprünglich im Rechte, vom Feinde weggenommenes, geraubtes Gut wiederzunehmen, wie dies die Etymologie von **reprehendre** beweist. Im mittelalterlichen Latein nannte man sie reprehensalia auch represalia, woher das italienische ripresaglia, das französische représailles kommt, während die deutsche Schreibung Repressalien eine irrthümliche aber usuelle ist. Konnte man das Geraubte nicht wieder erhalten, durfte man anderes Gut als Pfand oder Ersatz

ergreifen. An die Stelle der privaten Selbsthülfe trat aber später
die Rechtserwirkung durch den Staat, und erhielt sich nur
noch eine Spur des alten Rechtes in den Mark- oder Kaperbriefen im Seekriege. Jetzt versteht man unter Repressalien
Gewaltmassregeln, wodurch Personen oder Sachen des Rechts-
verletzers in der Absicht in Besitz genommen werden, um
diesen zur Nachgiebigkeit und Leistung der Genugthuung zu
bewegen, und falls dies nicht gelänge, sich an jenen Personen
oder Sachen diese Genugthuung selbst zu verschaffen. Im
letztern Falle behält man die Personen als Geisel zurück,
und behandelt sie als solche; die Sachen können veräussert
oder sonst verwendet werden.

Sogenannte allgemeine Repressalien, das vom Souverän seinen Beamten oder Unterthanen ertheilte, unbestimmte,
grenzenlose Recht, sich aller Personen und Sachen des Gegners
zu bemächtigen, deren man habhaft werden kann, sind nach
heutigem Völkerrechte unstatthaft, da sie eigentlich schon den
Kriegszustand begründen, und selbst im Kriege unbestimmte
Feindseligkeiten nicht gestattet sind.

Repressalien können, wie auch Retorsionen nur vom
Staate angeordnet werden, und zwar jene als Acte der Executive von der Regierung, diese, weil Grundsätze des Ver-
haltens für bestimmte Fälle feststellend, von der gesetzge-
benden Gewalt. Eine Föderation von Staaten kann auch
für einzelne Bundesglieder Retorsionen statuiren, Repressalien
ergreifen. Der einzelne Staatsangehörige kann ohne Autorisation des Staates weder die einen noch die andern üben.

Abgesehen von einem Staatensysteme aber kann kein
Staat für andere Staaten oder zu Gunsten ihrer Angehörigen
Repressalien üben, weil dies mittelbar ein Urtheil über das
Verhältniss zweier Staaten fällen hiesse. Arrest, Beschlagnahme
der Güter eines Schuldners auf Ansuchen eines fremden Gläubigers, wie solcher Arrest zufolge der Grundsätze des internationalen Privatrechtes oft bewilligt wird, hat mit völkerrechtlichen Repressalien, wie sich von selbst versteht, nichts gemein.

Barbarischen Völkerschaften gegenüber trägt man auch
ausserhalb des Krieges kein Bedenken behufs von Repressalien
Heerden wegzutreiben, Saaten zu zerstören (Razzias der Franzosen in Algier).

Das Völkerrecht gestattet die Anwendung von Repressalien nur für eine offenbar gerechte Sache, für eine klare und liquide Schuld, nicht für zweifelhafte Ansprüche, und auch in jenen Fällen erst dann, wenn es gewiss ist, dass man auf keine andere Weise Genugthuung erlangen kann. Anstandslos können gegen Güter der Privaten, die da ein Theil des Gesammtvermögens der Nation sind, Repressalien genommen werden, nur nicht gegen solche, die im Vertrauen auf den öffentlichen Credit erworben oder niedergelegt, oft sogar durch Staatsverträge ausdrücklich von jeder Beschlagnahme aus dem Titel von Repressalien frei erklärt worden sind.

Wohl scheint daher das Vorgehen Friedrich II. von Preussen schwer zu rechtfertigen, welcher wegen Aufgreifung preussischer Handelsschiffe durch englische Kaper im österreichischen Erbfolgekriege englische Capitalien, die als Staatsschulden auf Schlesien hafteten, mit Beschlag belegte.

Zu den am häufigsten vorkommenden Arten von Repressalien gehört unter andern das Embargo, d. i. Beschlagnahme fremder, in unseren Häfen befindlichen Schiffe. Es giebt aber ausserdem auch ein vorsichtsweise, oder aus polizeilichen Gründen angeordnetes Embargo, z. B. zur Verhinderung der Verbreitung wichtiger, Geheimniss erheischender Nachrichten durch absegelnde Schiffe; ferner ein Nothembargo, z. B. im Falle einer Hungersnoth auf Getreide in fremden Schiffen, oder zum Transporte von Truppen im Kriege, natürlich gegen volle Entschädigung der durch das Nothembargo Betroffenen, obgleich das an sich schwer zu rechtfertigende Nothembargo in den meisten Verträgen untersagt ist; ferner ein feindliches Embargo im Kriege gegen Schiffe und Güter des Feindes auf Schiffen geübt. Hier ist nur von der ersten Art, dem Embargo als Repressalie die Rede. Bricht der Krieg aus, so übergehen die Repressalien in denselben, werden zu feindlichen, kriegerischen Repressalien.

Im Kriege kommt sogar der Fall vor, dass, wie es z. B. in Nordamerika 1812 geschah, der Staat auf die Schiffe der eigenen Angehörigen Embargo legt, ihnen das Auslaufen verbietet, um nicht in Collisionen mit den Kriegführenden zu gerathen. Dass er sie kraft seinem dominium eminens zu Staatszwecken auch zwangsweise verwenden kann, wenn die Noth es erheischt,

unterliegt eben so wenig einem Zweifel, als er behufs solcher
Zwecke auch andere Sachen, z. B. Pferde zum beschleunigten
Transport von Briefschaften, zur Remontirung der Reiterei
requiriren kann. (Angaria, parangaria, veredi, paraveredi, woher
parverid, Pferd). Hier haben wir es aber mit völkerrechtlichen
Repressalien zu thun. Die Ausübung des staatlichen Hoheitsrechtes gegen seine Angehörigen ist eine interne Massregel
des Staates. Im Innern des Staates giebt es rechtlich keine
Selbsthülfe, also auch keine Repressalien.

In der neuesten Zeit trägt man kein Bedenken, auch die
Blockade, die Einschliessung eines binnenländischen Platzes,
besonders aber von Fluss- und Seehäfen, zur Verhinderung
des Verkehres mit der Aussenwelt, der Zufuhr von Lebens-
mitteln oder Munition, des Ein- und Auslaufens von Schiffen,
als Repressalie zu üben. Mit Unrecht, denn in Friedenszeiten
darf man dritte Staaten vom Verkehre mit den ihnen befreundeten Staaten nicht abschliessen, sie als Neutrale behandeln.
Neutrale giebt es nur im Kriege, und die erwähnte Gewalt-
massregel, die man wie zur Verhöhnung aller Rechtsgriffe den
blocus pacifique zubenennt, soll ja nicht Krieg sondern Repressalie bedeuten. Uebermächtige Seestaaten üben solches
Recht, vielmehr Unrecht gegen schwache, widerstandslose
Staaten, so England 1850 gegen Griechenland, so Frankreich
1843 gegen Mexico, so beide Staaten durch mehr als ein Jahr-
zehnt an der Mündung des La Plata.

Factisch macht man die sogenannte friedliche Blockade
geltend, dem Rechte ist sie fremd, und brauchen sich dritte
Staaten dieselbe nicht gefallen zu lassen.

§. 39.

Begriff und Eintheilung des Krieges.

Das mittelalterliche Fehderecht der Privaten ist mit dem
heutigen Rechtsstaate unvereinbar. Der Gottesfriede der Kirche,
die treuga Dei, konnte das Fehde- und Faustrecht mildern,
nicht abschaffen. In Deutschland geschah es durch den ewigen
Landfrieden unter Maximilian I. 1495. Der ewige Friede im
Sinne der St. Pierre und Kant ist und bleibt, wie wir ander-

wärts sagten, ein frommer Wunsch. Es handelt sich hier darum, die Regeln, welche Recht und Moral unter gesitteten Völkern dem Kriege vorschreiben, darzustellen.

Vor allem muss man zwischen dem Kriege als einer Thatsache, und dem Kriege als Rechtsbegriff unterscheiden.

Thatsächlich und seiner äussern Erscheinung nach ist der Krieg der Zustand der Feindseligkeit, der Anwendung der äussersten Gewalt zwischen zwei oder mehreren Staaten.

Darauf weist auch die ursprüngliche Bedeutung des Wortes in allen Sprachen: Geschrei, Lärm, Verwirrung, Streit, Rechtsstreit, endlich Völkerstreit. So das griechische πόλεμος, das lateinische bellum, beide eine heftige Bewegung ausdrückend; so das germanische Wort **war**, wovon das romanische **guerra,** guerre von Wirren, Streitigkeiten, und das ältere, tiefsinnige **urlog** noch im holländischen, dann im Worte Orlogschiff erhalten, von **legan**, feststellen, weil der Krieg über das Geschick der Völker entscheidet; so das mittelhochdeutsche **wic**, von bewegen. Auch der factische Krieg kann Rechtsansprüche begründen. Eine Feuerassecuranz, welche den Krieg als eine vis major, als die Entschädigungspflicht ausschliessend erklärt, kann auch Feuersbrünste, die in Folge eines Bürgerkrieges oder eines Aufstandes entstehen, unter diesen Fall subsumiren, obgleich kein Krieg im Sinne eines Völkerstreites stattfindet. Die ratio der Exemtion ist dieselbe.

Zu einem Rechtsbegriffe wird der Krieg als Anwendung der äussersten Gewalt gegenüber von einem Staate, zur Erlangung der Genugthuung für zugefügte, und Sicherstellung gegen künftige Rechtskränkung. Das Recht des Krieges geht so weit als das Recht zum Kriege. Dieser Rechtsgrund und Zweck des Krieges setzt demselben Ziel und Grenzen. Auch ein an sich gerechter Krieg wird, wenn der Zweck des Krieges erreicht ist, durch Ueberschreitung dieser seiner Grenze zum ungerechten. Ebenso, wenn man mit dem Kriege beginnt, statt mit ihm erst nach fruchtloser Anwendung aller andern zulässigen Mittel zur Erlangung der Genugthuung vorzuschreiten. Selbstverständlich entfällt diese Verpflichtung, wenn man sich gegen einen plötzlichen, ungerechten Angriff nur vertheidigen muss. Nicht minder aber kann ein Krieg, mag seine Ursache noch so gerecht sein, mag er auch rechtmässig und rechtzeitig begonnen werden, zum ungerechten werden, wenn er in einer nach Völkerrecht unzulässigen Weise, mit Verletzung aller Sitte und Gewohnheit geführt wird.

Anderseits ist die Wirkung selbst eines ungerechten Krieges in der äussern Rechtsordnung, wenn auch nicht in der moralischen Ordnung der Dinge, der eines gerec!ten Krieges gleichkommend. Denn der Krieg ist ein völkerrechtlicher Process. Sein Endurtheil, der Friede, muss wie die Entscheidung des Richters im bürgerlichen Processe respectirt werden. Trotz aller Vorsicht, trotz der Wahl tüchtiger Richter, trotz Instanzen, werden auch im besteingerichteten Staate nicht selten ungerechte Entscheidungen gefällt, die aber als formelles Recht geachtet werden müssen.

Als Kunst betrachtet, ist der Krieg der Inbegriff der Mittel, welche bestimmt sind, die Kräfte des Feindes dergestalt zu schwächen, dass er widerstandsunfähig werden, unseren Forderungen nachgeben muss, die nebst Erlangung der Genugthuung, auch auf Ersatz der Kriegskosten und Sicherstellung vor künftiger Rechtsverletzung gerichtet sind.

§. 39 (a).

Eintheilung des Krieges.

Die Eintheilung, der man zuerst und am häufigsten begegnet, ist die in den Angriff- und den Vertheidigungskrieg (guerre offensive et défensive). Obgleich jedoch der Angreifer in zahlreichen, ja in den meisten Fällen im Unrechte ist, so kann man doch nicht behaupten, jeder Angriffskrieg sei ein ungerechter, schon dem Begriffe und Wesen nach, jeder defensive Krieg, und nur dieser allein sei gerecht und könne gerecht sein. Da man eine Rechtsverletzung nicht erst abzuwarten braucht, einem ungerechten, uns angedrohten oder imminenten Angriffe zuvorkommen kann, so ist unserseits der Angriff ein gerechter, nichts anders als eine Abwehr eines Unrechtes. Ein Krieg kann somit im Princip ein Vertheidigungskrieg sein und in seinen Operationen agressiv, angriffsweise vorgehen. Wenn man in der Regel nicht als Angreifer erscheinen, den Vorwurf des Angriffs auf den Gegner wälzen

will, so geschieht es, weil, wie gesagt, nicht nothwendig, nicht
dem Begriffe und Wesen nach, aber thatsächlich in den meisten
Fällen der Angreifer im Unrechte ist, weil man als Ange-
griffener eine Grossmacht, die öffentliche Meinung für sich
gewinnen, und beim Friedensschlusse möglichst vortheilhafte
Bedingungen für sich erzielen will.

Eine weitere Eintheilung des Krieges ist die in den
Land- und Seekrieg, eine Eintheilung, die keineswegs einen
bloss örtlichen Unterschied bezeichnet, obgleich auch schon
die Eigenthümlichkeit des Kriegsschauplatzes hier in Betracht
kommen muss. Der Landkrieg kann nur im Gebiete der sich
bekämpfenden Staaten geführt werden. Der Seekrieg auch
und zumeist im Ocean, der keiner staatlichen Herrschaft
untersteht. Durch feste, und wenn sie wollen, im Sinne Rech-
tens unübersteigliche Grenzen sind die Kriegführenden im
continentalen Kriege von den Neutralen geschieden; im Seekriege kommen die Neutralen auf der freien Fahrstrasse der
Meere in unmittelbare Berührung und nur zu häufige Collisionen
mit den Kriegführenden. Daraus folgt, wie in der Lehre von
der Neutralität zu erörtern ist, eine ganz verschiedene Stellung
und Behandlung der Neutralen im Land- und Seekriege. Aber
der tief eingreifendste Unterschied liegt in dem Umstande, dass
trotz aller Fortschritte der Gesittung, trotz aller Milderungen
des Landkrieges, der Seekrieg noch immer ein Raubkrieg
ist, dass das Privateigenthum des Feindes, welchem heutzutage im Landkriege grundsätzlich Schonung zu Theil wird,
im Seekriege nicht nur nicht geschont wird, sondern haupt-
sächliches Object der feindlichen Angriffe ist.

Und jenes politische Gleichgewicht, dessen Erhaltung auf
dem Continent seit Jahrhunderten angestrebt wird, es besteht
nirgends weniger als zur See, wo eine überragende Seemacht,
die Grossbritanniens, alle Meere beherrscht, im Seekriege nicht
nur den Handel seiner Feinde, sondern auch den der Neutralen durch willkürliche Interpretation der seerechtlichen Normen
schädigt, fast unmöglich macht.

Eine wichtige Eintheilung des Krieges ist die in den
Privat- und den öffentlichen Krieg. Streng genommen liegt
in dieser Eintheilung von vornhinein ein Widerspruch. Denn
heutzutage und im Rechtsstaate giebt es keine Selbsthülfe,

weil der Staat für den Einzelnen eintreten, ihm wie im Innern
so nach Aussen zum Rechte verhelfen muss. Der Krieg wilder
Horden, die in keinem staatlichen Verbande leben, kann nicht
nach Völkerrecht beurtheilt werden. Eine andere Frage ist die,
ob man im Kampfe mit barbarischen, nomadischen Völkerschaften
an die Kriegsmanier gebunden ist. Gewiss wird die Kriegführung
mit wilden, cannibalischen Horden eine andere als die mit gesitteten
Gegnern sein. Artet doch nicht selten der Krieg auch unter
civilisirten Völkern unter gewissen Verhältnissen in barbarische
Behandlung aus. Aber auch wilden Stämmen gegenüber ist
das Völkerrecht nicht zu verläugnen, da es doch ein mensch-
liches ist, Menschen gegenüber in Anwendung kommen soll.
Am wenigsten darf man Kriege unternehmen, um seinen
Glauben, den man für den allein richtigen hält, um höhere
Cultur, oder was man als solche ansieht, unter Heiden und
rohen Völkern zu verbreiten. Es kann ferner der Staat in die
Lage kommen, mit Privaten, z. B. Seeräubern, ja mit ganzen
Genossenschaften von Privaten, wie mit Flibustiern kämpfen
zu müssen, ohne dass dieser Kampf ein Krieg im eigentlichen
Sinne, d. i. ein völkerrechtlicher Krieg genannt werden kann,
der immer zwei Staaten voraussetzt. Seeräuberstaaten, wie
einst die Barbaresken, denen sogar mächtige Staaten Tribut
als Lösegeld und Abfertigung zahlten, sind eine geschichtliche
Anomalie, der Frankreich 1830 durch die Eroberung Algiers
ein Ende machte. Der Privatkrieg im mittelalterlichen Sinne
ist im Rechtsstaate unzulässig. Bleibt also nur der Bürgerkrieg, den man im Gegensatze zu dem Staatenkriege heutzutage unter den Begriff des sogenannten Privatkrieges subsumiren könnte. An sich ist er auch dem Völkerrechte fremd.
Mag er zwischen Prätendenten und ihren Anhängern, oder
von Aufständischen gegen die Regierung, oder zwischen Parteien in demselben Staate geführt werden, mag eine Provinz
sich vom Staatsganzen, eine Colonie vom Mutterstaate los-
reissen wollen, sieht jeder Theil sich als den allein Berechtigten, den andern als im Unrechte befindlich an. Aufständische
wie Parteikämpfer werden daher im Beginne des Kampfes
von der im Besitze der Staatsgewalt befindlichen Regierung
nach dem Strafgesetze mit der äussersten Strenge behandelt.
Das ruft Repressalien hervor und der Kampf wird immer

erbitterter, nimmt immer grössere Dimensionen an. Der Souverän ist berechtigt, Empörer mit dem Tode zu bestrafen.
Aber hat die Empörung Bestand gewonnen, dann ·wird sie
selbst zur Macht, wird an den treugebliebenen Unterthanen,
wenn auch mit Unrecht, vergelten, was ihr widerfährt. Der
schrecklichste der Kriege, der alle Leidenschaften entfesselt,
der Familienzwist im Grossen, der Bürgerkrieg, muss, wenn
er eine gewisse Intensität und Ausdehnung erlangt, Völkerrecht anerkennen, nach diesem beurtheilt werden. Denn in
der That ist durch ihn der Staat wie in zwei Staaten gespalten,
Heere, Regierungen stehen einander wie im Völkerkriege
gegenüber. Die Kämpfenden müssen Völkerrecht beobachten,
wenn der Krieg nicht in einen Kampf der Vernichtung ausarten soll. Auf die äusserste Anspannung wilder Leidenschaft
folgt ein natürlicher Rückschlag, eine Abspannung der mass-
los erbitterten Geister. Die grossen, bleibenden Interessen der
Gesellschaft gelangen zur Geltung. Die Thatsache, dass beide
Theile das Völkerrecht annehmen und befolgen, ist ein An-
zeichen, dass beide sich nähern, die Beendigung des mörderi-
schen Bruderzwistes herbeiwünschen. Es wäre auch unrichtig,
wenn man hier, wo es sich um den Krieg als eine traurige
aber nicht wegzuläugnende Thatsache handelt, nur eine berechtigte Erhebung gegen Tyrannei und Umsturz der Verfassung
als Bürgerkrieg erkennen wollte. Jeder Krieg, welcher thatsächlich zwischen Gliedern desselben Staates oder einer Staatenföderation geführt wird, ist Bürgerkrieg, und wenn auch kein
Völkerkrieg, doch nach Völkerrecht zu behandeln.

§. 40.
Kriegführende Theile (belligérants).

Kriegführende sind der Regel nach, wie aus dem früher
Gesagten hervorgeht, nur souveräne Staaten. Wenn die
ostindische Compagnie bis zu ihrer Auflösung als politische
Corporation (1857) das Recht der Kriegführung hatte, so konnte
sie es nur als ein von der englischen Regierung, vom Mutterstaate ihr delegirtes Recht üben.

Freischaaren, wie die Schill's (1809), Garibaldi's (1860),
werden je nach Bedeutung, Macht und Erfolg bald als Ver-

brecher, bald als Kriegführende behandelt. Patriotismus und
Dichtung wird sie preisen. Ob sie von Regierungen aufrichtig
oder heuchlerisch desavouirt, oft sogar unterstützt werden,
ändert die Sache nicht. Das Völkerrecht kennt nur kriegführende Staaten, wird aber, wie oben erörtert wurde, auch
auf den Bürgerkrieg, den Kampf zweier factischen Staats-
gewalten in demselben Staate, nicht auf spontane Erhebungen
oder Eroberungszüge angewandt, die von keiner Staatsgewalt
ausgehen. Wenn jedoch im Bürgerkriege die streitenden Parteien sich wechselseitig als Kriegführende ansehen und behandeln müssen, so sind dem Kriege fremde, neutrale Staaten
nicht minder berechtigt und verpflichtet, beide Parteien ebenso
anzusehen und zu behandeln, woraus aber noch keineswegs
folgt, dass in solchem Verhalten der Neutralen ihrerseits eine
Anerkennung eines Prätendenten, oder eines aufständischen
Volkstheiles, die Anerkennung des neuen Staatswesens im-
plicite enthalten sei. Der Ausgang eines Kampfes ist entscheidend. Gelingt es einer Provinz, einer Colonie, sich bleibend
loszureissen, und als selbstständiges, unabhängiges Staatswesen
zu constituiren, dann treten jene Grundsätze in Kraft, welche
an einem anderen Orte bezüglich dieser Frage aufgestellt
worden sind.

Man unterscheidet ferner im Kriege Haupt- und Neben-
parteien. Unter den letzteren versteht man die Kriegshülfe
leistenden Staaten. Die Kriegshülfe ist entweder eine allgemeine, mit der Gesammtheit der Streitkräfte des helfenden
Staates, oder eine particielle, mit der Zahl und Beschaffenheit
nach bestimmten Truppenkörpern, Leistungen von Geldsub-
sidien, Gewährung von gewissen Vortheilen für den Angriff
oder die Vertheidigung, z. B. Einräumung eines Waffenplatzes.
Die Prüfung, ob der Krieg ein gerechter sei, ist jedenfalls
Sache des Hülfeleistenden selbst.

Rechte und Pflichten des Verbündeten sind bei
allgemeiner Kriegshülfe nach den Grundsätzen einer gleichen
Gesellschaft zu beurtheilen. Sie müssen nach gemeinschaftlicher Verabredung handeln; keiner kann für sich allein einen
Waffenstillstand oder Separatfrieden schliessen. Vor- und Nachtheile sind gemeinschaftlich, oder in Folge Uebereinkommens
der Verbündeten zu repartiren. Die besondere Kriegs-

hülfe hat der Hülfeleistende auf seine Kosten stets im voll-
zähligen Stande zu erhalten, während, wenn nicht Anderes ver-
abredet wurde, der Hauptpartei, dem in erster Linie Kriegführenden, die Erhaltung obliegt. Aber die Hauptpartei ist
nicht berechtigt, die Truppen des Verbündeten besonders und
vorzugsweise zu exponiren, um die seinigen zu schonen, wie
es Napoleon I. gewöhnlich mit den Rheinbunds-Truppen that.
Die besondere Kriegshülfe berechtigt zu keinen Vortheilen aus
dem Kriege, z. B. Erwerbung eroberten Landes, es wäre denn,
dass gewisse Vortheile im vorhinein stipulirt wurden, oder die
Hauptpartei dieselben zur Belohnung für geleistete Dienste
bewilligt.

Allerdings können für den partiellen Bundesgenossen aus
seiner Cooperation politische, oft weitreichende Vortheile resul-
tiren. Sardiniens Mitwirkung im Krimkriege gab ihm Sitz und
Stimme auf dem Pariser Friedenscongresse, im weiteren Ver-
laufe Frankreichs Allianz 1859, und führte in letzter Consequenz zum Königreiche Italien und dessen Erhebung zur
sechsten europäischen Grossmacht.

§. 41.

Kriegsrechte. Kriegsmanier. Kriegsraison.

Das Kriegsrecht im eigentlichen Sinne des Wortes,
d. i. das Recht, für Rechtskränkungen, die ein Staat dem
andern zufügt, wenn andere Mittel, gütliche und gewaltsame,
ausserhalb des Krieges fruchtlos versucht worden, mit Waffengewalt Genugthuung zu erzwingen, kann im äussersten Falle
selbst bis zur Vernichtung der selbstständigen Existenz des
verletzenden Staates gehen. Es kann, aber es muss nicht bis
zu diesem Aeussersten schreiten. Die Vernichtung des Gegners
ist nicht von vornhinein Zweck des Krieges, sondern lediglich
die Erlangung der Genugthuung, die Kosten der Kriegführung
inbegriffen, und Sicherstellung gegen Wiederholung der Rechtsverletzung. Während die Kriege des Alterthums in der Regel
auf Unterwerfung des Gegners gerichtet waren, der Janus-
tempel in Rom in Jahrhunderten nur ausnahmsweise geschlossen
wurde, der Grundsatz, dem Feinde möglichst viel Uebles

zuzufügen, allein massgebend war, gilt im heutigen Völkerrechte gesitteter Staaten der Grundsatz, sich im Frieden möglichst viel Gutes, unbeschadet des eigenen Rechtes und Vortheiles, oder vielmehr zum Frommen beider, im Kriege möglichst wenig Uebles zuzufügen, d. h. so viel, aber auch nur
so viel Uebles, als zur Erreichung des Kriegszweckes unumgänglich nothwendig ist. Der Inbegriff der durch die Gesittung
und Uebung des Völkerrechtes zwischen gesitteten Staaten
vorgeschriebenen Milderungen und Beschränkungen des strengen Kriegsrechtes, bezüglich der Mittel und Grenzen der
Kriegführung, heisst Kriegsmanier. Nur im Falle der höchsten Noth, oder wenn das Benehmen des keine Kriegsmanier
achtenden Gegners zur Anwendung des furchtbaren Rechtes
der Repressalien zwingt, kann die Kriegsraison, die Rückkehr zu der absoluten Strenge des Kriegsrechtes Platz greifen.

In der Kriegsmanier äussert sich hauptsächlich der Fortschritt des Völkerrechtes, das Bestreben, den Krieg zu humani-
siren, auf die engsten Grenzen der Nothwendigkeit einzu-
schränken. Selbst die hartnäckigsten Läugner des Völkerrechtes
können den grellen Unterschied zwischen der Kriegführung
selbst der classischen Völker des Alterthums und jener der
Neuzeit nicht wegläugnen. Am augenscheinlichsten zeigt sich
dieses in der Behandlung feindlicher Personen und Sachen,
wovon weiter unten die Rede sein wird. Und auch wenn man
nur unser Jahrhundert mit dem nächstvorhergehenden vergleicht, tritt der Fortschritt in dieser Beziehung zu Tage.
Preisen wir alle auf Milderung der Kriegsgräuel abzielenden
Bestrebungen edler Fürsten und Staatsmänner, der Männer
der Wissenschaft, welche, von Grotius angefangen, ihre
Bestrebungen erfolgreich diesem Gedanken und seiner Verwirklichung zugewandt haben. Der Brüsseler Congress
(August 1874), ein Verein von Delegirten aller europäischen
Staaten, welcher in Folge der hochherzigen Initiative Kaiser
Alexander II. von Russland zusammentrat, war bemüht, ein
förmliches System der Kriegsmanier zu entwerfen. Seine Be-
schlüsse sind bisher nicht ratificirt worden. Aber der Same,
den er ausgestreut, wird aufgehen und Früchte für die Zukunft tragen. Er documentirt das Rechtsbewusstsein des Zeitalters bezüglich der Regelung des Krieges. Schon 1863 ging

ihm ein ähnlicher Versuch vorher. Es waren die Kriegsregeln, welche der verstorbene Deutsch-Amerikaner Professor Lieber während des nordamerikanischen Bürgerkrieges entwarf, ein Versuch, der bald zur praktischen Geltung gelangte, als der edle Präsident Lincoln ihm seine Sanction ertheilte. Die Erfüllung des frommen Wunsches, alle Kriege durch Einsetzung eines höchsten Schiedsgerichtes zu beseitigen, liegt in weiter, unabsehbarer Ferne. Für den Fortschritt in der Ausbildung der Kriegsmanier liegt ein grosses Feld offen vor der gesitteten Menschheit.

§. 42.
Anfang des Krieges.

Die Kriegserklärung war bei den Alten mit besonderen Förmlichkeiten und Feierlichkeiten umgeben, zumal bei den Römern, wie uns Livius (I. 32) u. A. berichtet. Der Krieg musste ein justum und zugleich ein pium sein. Der ritterliche Geist des Mittelalters milderte das Fehderecht durch die Pflicht förmlicher Aufkündigung der Treue (diffidatio, sfida, défi). Auch Staaten schickten anfänglich Herolde, welche feierlich den Krieg, die Herausforderung von Volk zu Volk, verkündigten, den Frieden aufkündigten. So erschien noch 1636 ein französischer Herold am Marktplatze in Brüssel den Spaniern Krieg anzukündigen. In England verkündigt noch jetzt, freilich in London selbst, ein königlicher Herold den Krieg in förmlicher Weise. Die Neuzeit erlässt, wie behauptet wird, im vollen Gegensatze zu der antiken und mittelalterlichen Welt, gar keine Kriegserklärung. Die Wahrheit ist, dass heutzutage erstens keine feierliche Kriegserklärung durch Herolde u. s. f. mehr stattfindet, dass zweitens allerdings meistens der Krieg durch schriftliche Botschaft erklärt wird, dass aber nicht minder genügt, zu diesem Zwecke die Gesandten abzuberufen, oder den Krieg den eigenen Unterthanen durch Manifeste, andern Staaten durch Mittheilung von Denkschriften, welche die Ursachen des Krieges auseinandersetzen, kundzumachen. Zugleich werden, insbesondere die Neutralen, von dem bevorstehenden Kriege mittelst solcher Kundmachungen in Kenntniss gesetzt, in welchen auch die ihnen gegenüber zu beobachtenden Grundsätze ausgesprochen werden. Zudem ist nicht zu übersehen, dass die Mächte anderen Staaten gegenüber bei ausgebrochenen Streitigkeiten, nach Ablauf fruchtlos verstrichener Zwischenstadien, gewöhnlich ein Ultimatum stellen, dessen Nichterfüllung jede weitere förmliche Erklärung ohnehin überflüssig macht.

Den Bundesgenossen der Hauptpartei gegenüber bedarf es, sobald der Kriegsstand und mit diesem die Hülfeleistung begonnen hat, keiner besonderen Kriegserklärung.

Gleichzeitig mit der Eröffnung des Krieges wird nicht selten das Embargo der in den Häfen des Kriegführenden befindlichen Schiffe des Gegners verfügt, obwohl es edler und in den jüngsten Kriegen, z. B. zwischen Deutschland und Frankreich, gebräuchlich wird, Handelsschiffen einen gewissen Zeitraum zum Verlassen feindlich gewordener Häfen zu gestatten.

Allgemein üblich ist dagegen die Erlassung von Abberufungspatenten (litterae avocatoriae), wodurch die in Civil- oder Militärdiensten des Feindes stehenden Unterthanen bei Androhung von Strafen in die Heimath zurückberufen werden; dann die Erlassung des Verbotes, mit dem Feinde Verkehr zu treiben (litterae inhibitoriae). Häufiger werden die Unterthanen nur durch Dehortatorien (Abmahnungen) gewarnt, an keinem dem Feinde besonders vortheilhaften Verkehre Theil zu nehmen, namentlich feindliche Güter zu assecuriren. Austreibung der feindlichen Unterthanen beim Ausbruche eines Krieges (Xenelasien) sind heutzutage nicht mehr üblich. Napoleon I. ging so weit, 1802 nach dem Bruche des Friedens von Amiens sämmtliche in Frankreich befindliche Engländer zu verhaften. Im Jahre 1868 wurden während des cretischen Aufstandes die in der Türkei befindlichen Unterthanen des Königreichs Griechenlands ausgewiesen. Nach heutigem Völkerrechte wird vielmehr, wenn es nicht schon in Handels- oder anderen Verträgen in vorhinein bestimmt ist, den Unterthanen des Feindes eine Frist zum Abzuge mit ihrem Vermögen bestimmt, und wenn unübersteigliche Hindernisse im Wege stehen, darf selbst die Ueberschreitung dieser Frist ihnen nicht zum Nachtheile gereichen. Noch mehr, man gestattet ihnen selbst während des Krieges, insofern sie sich friedlich benehmen, ungestörten Auf-

enthalt im Feindeslande, vertreibt sie nicht, wie mitten im
Kriege 1870 es die Franzosen mit Deutschen thaten, die seit
Jahren mit ihren Familien in Frankreich ansässig waren. Der
Gesandte der feindlichen Macht jedoch muss sammt seinem
Gefolge stets das Land verlassen. Den Schutz der Unterthanen
seines Souveräns übernimmt gewöhnlich während der Dauer
des Krieges der Gesandte einer befreundeten, neutralen Macht.

Ob auch die Consuln der feindlichen Macht das Gebiet
des Gegners verlassen sollen, hängt von dem Willen des
letzteren ab. Ausdrückliche oder stillschweigende Belassung
der Consuln hat Reciprocität zur Bedingung und zur Folge.

§. 43.
Rechtliche Consequenzen der Kriegseröffnung.

Die nächste Folge der Kriegseröffnung ist die zeitliche
Störung und Aufhebung des bisherigen friedlichen und freund-
lichen Verkehrs zwischen den feindlich gewordenen Staaten als
solchen. Ein absolutes, vollständiges Abbrechen jeden Privat-
verkehres, insbesondere des Handelsverkehres, zwischen den
gegenseitigen Unterthanen ist keineswegs die nothwendige
Folge der Kriegseröffnung. Die Unterbrechung dieses Verkehres, die Ausdehnung derselben bezüglich gewisser Oertlichkeiten und Objecte kann nur durch ausdrücklichen Willen
der Kriegführenden bestimmt werden. Auch während des
Krimkrieges (1854—1856) betrieb die russisch-englische Han-
delsgesellschaft einen, wenn auch beschränkten Verkehr; ja
die englische Regierung zahlte während desselben die von ihr
garantirten Zinsen eines aus dem Jahre 1815 herrührenden
russischen Anleihens. Ein so absolutes Verkehrsverbot würde
beide Theile gleichmässig schädigen. Eng verschlungen sind
auf dem Weltmarkte die Interessen aller Völker. Keines
ist so vollständig unabhängig vom Wechselverkehre, so ganz
selbstgenügsam, dass es des Waarenaustausches nicht bedürfte.
Um so weniger kann im heutigen Völkerrechte der extreme
Satz Geltung haben, dass der Krieg sämmtliche Rechtsbande
zwischen den Kriegführenden zerreisse, so dass sie im Frieden
gewissermassen neu angeknüpft, neu begründet werden müssen,

als ob sie früher nie bestanden hätten. Vorerst ist es gewiss,
dass auch im Kriege die allgemeinen Menschenrechte geachtet
werden müssen. Die Anschauung der antiken Welt, Personen
und Sachen des Feindes seien von vornhinein dem Gegner,
dem Sieger verfallen, ist nicht die unserer Zeit. Und wer kann
bezweifeln, dass die Kriegsmanier dem Rechte des Krieges
Grenzen und Ziel setzt? Aber auch die Behauptung, das
Vertragsrecht werde durch den Krieg aufgehoben, ist in
dieser Allgemeinheit unrichtig. Zuvörderst ist es klar, dass
Vertragsbestimmungen, die mit der bekannten Clausel: „Wenn,
was Gott verhüten wolle, zwischen den Contrahenten ein Krieg
ausbräche", beginnend, gerade für den Kriegsfall getroffen
werden, nur im Kriege zur Geltung gelangen können, z. B.
solche, welche sich auf das Recht der gegenseitigen Unterthanen beziehen, beim Ausbruche eines Krieges frei abziehen
zu dürfen, dass solche Vertragsbestimmungen durch den Krieg
nicht aufgehoben werden. Es ist ebenso zweifellos, dass Verträge,
die während des Krieges, mit Rücksicht auf die Kriegführung
geschlossen werden, sogenannte Kriegsverträge, für beide Theile
streng verbindlich sind. Nicht minder ist es klar, dass bereits
vollkommen erfüllte Verträge in dem aus einem ganz anderen
Anlasse entstandenen Kriege nicht in Frage gestellt werden
können, dass demnach höchstens noch nicht geleistete Raten-
zahlungen zeitweise, bis zum Ausgange des Krieges, eingestellt
werden können. Dasselbe gilt von nicht controversen Verträgen, mit deren Erfüllung noch nicht der Anfang gemacht
wurde.

Aus der vorhergehenden Analyse geht hervor, wie un-
stichhältig, mit dem heutigen Rechtsbewusstsein unvereinbar
der Satz ist, dass der Krieg alle Rechtsbande zwischen den
Kriegführenden löse. Eine andere Frage ist die, ob und welche
Verträge, die nicht bestritten waren, nach beendigtem Kriege
von selbst wieder in Wirksamkeit treten oder erst durch den
Frieden neu geregelt, modificirt werden. Am gewöhnlichsten
wird, abgesehen von den durch den Frieden neu zu gestalten-
den Verhältnissen und den dadurch bedingten neuen Rechts-
bestimmungen im Frieden ausgesprochen, dass mit dem Wieder-
eintritte des friedlichen Verkehres auch die alten Verträge
wieder in Wirksamkeit treten.

§. 44.
Subjecte des Kriegsstandes.

Insofern Volk und Staat als congruente Begriffe angesehen werden, das Volk zum Staatswesen geordnet als eine
juristische Persönlichkeit erscheint, ist jeder Krieg ein Volks-
krieg, aber durchaus nicht aller einzelnen Volksglieder gegen-
einander. Die Staaten führen Krieg, die Einzelnen nicht
als Individuen, ja nicht als Staatsbürger, sondern als Soldaten,
als Combattanten, im Auftrage und Dienste des Staates.
Nur durch diese Vermittlung stehen Männer und Männer
beider Staaten einander im blutigen Streite gegenüber, nicht
als persönliche Feinde, denn sie kennen sich nicht, haben sich
persönlich nie ein Leid zugefügt. Darin liegt eben die furcht-
barste Kritik des Männer mordenden Krieges, und doch zugleich, ohne dass der zweite Satz dem ersten widerspräche,
auch die Milderung der Barbarei des Krieges, ja das Fundament der modernen Kriegsmanier. Nichts natürlicher, als dass,
wenn das Vaterland in Gefahr ist, oder schwer verletzt wird,
die Gemüther aller Staatsangehörigen entflammt werden, dass
dem Zuge und Schicksale der Heere Millionen voll innigen
Antheiles folgen; aber der Kampf selbst wird vom Staate als
Ganzen, und durch die von ihm dazu Berufenen geführt. Zu
den Combattanten, d. i. zu den vom Staate beauftragten
Streitern, die nach Kriegsgesetzen handeln und behandelt
werden, gehören vor allem die regulären Truppen, die eigenen
wie die auxiliären; die Kriegsschiffe; die vom Staate autorisirten Parteigänger im Landkriege und Kaper im Seekriege;
Nationalgarden, sedentäre wie mobile, so wie Landmilizen, wenn
sie gleich dem stehenden Heere zu Kriegsdiensten verwendet
werden; alle von der Regierung zu einer Erhebung in Masse
aufgerufenen Bewohner.

Viel erörtert ist in neuester Zeit, besonders aus Anlass
des letzten deutsch-französischen Krieges die Frage, ob die
sogenannten Francs-tireurs zu den Combattanten zu rechnen
sind, sie demnach Behandlung nach Kriegsmanier beanspruchen
dürfen, selbstverständlich, wenn sie, was von jedem Combattanten gilt, ihrerseits Kriegsmanier beobachten. Freicorps,

welche von der Regierung autorisirt, welche militärisch organisirt und befehligt, auch uniformirt sind, Kriegsmanier beobachten, müssen zweifellos zu den Combattanten gerechnet
werden.

Beim Aufgebote des Landsturmes, der von der Land-
wehr, gleich der Reserve, einem Theile und der Ergänzung
des Heeres, wohl zu unterscheiden ist, entfällt sogar mit der
Möglichkeit, die ganze waffenfähige Bevölkerung zu unifor-
miren, auch die Nothwendigkeit dieses Merkmales. Anderseits
müssen, selbst wenn die Regierung zu einer Massenerhebung
(levée en masse) auffordert, die oben angegebenen Bedingungen
zutreffen, aber die Officiere müssen nicht nothwendig dem
stehenden Heere entlehnt sein, und kann die militärische Organisation keine vollständige sein, wo in Momenten höchster
Gefahr dem Landsturm zunächst nur die Aufgabe der Vertheidigung des heimathlichen Bodens gestellt sein kann. Aber
Bauern, die zum Landsturme gehören, und mit Sensen bewaffnet, isolirt den arglos einher ziehenden Feind überrumpeln
und niedermetzeln, oder in seine Uniformen verkleidet ihn
niedermachen, haben keinen Anspruch darauf als regelrechte
Combattanten behandelt zu werden.

Wenn übrigens anerkannt werden muss, dass bei einer
Erhebung in Masse jeder Bürger zum Soldat wird, so gilt
dies doch nur in den vom Feinde noch nicht occupirten
Bezirken. Sonst ist die Erhebung nicht zulässig. Der Feind,
der nicht vorübergehend durchzieht, sondern occupirt, suspen-
dirt zeitweilig und örtlich die Souveränetät des Landesherrn,
er gewährt den Einwohnern des occupirten Bezirkes oder
Landes Schutz und Sicherheit, wogegen sie sich während der
Dauer der Occupation friedlich zu verhalten haben, widrigen-
falls machen sie sich dessen schuldig, was man rebellare,
den Krieg wieder und ausserhalb der dazu Berufenen und
Berechtigten beginnen, zu nennen pflegt.

Oben wurde bemerkt, dass legitime Combattanten immer
im Auftrage und zufolge Autorisation der Regierung handeln
müssen. Aber dieser Auftrag, diese Autorisation müssen nicht
nothwendig ausdrücklich und der kriegerischen Action vorher-
gehend ertheilt werden. Beide können, müssen in gegebenen
Fällen als durch die Pflicht des Patriotismus einerseits, und die

der Regierung anderseits geboten vorausgesetzt werden. Die Einwohner eines bestimmten, offenen oder befestigten Platzes, welche die Vertheidigung desselben beim Auszug der regulären Truppen übernehmen, sind, vorausgesetzt dass sie sich auf diese Vertheidigung beschränken, wenn alle sonstigen, früher specificirten Merkmale zutreffen, als Combattanten anzusehen. Ja, der alte Vattel hat schwerlich Unrecht, wenn er (III. 229) seines berühmten Werkes: Le droit des gens) selbst die Ueberrumpelung und Vertreibung des Feindes durch die Bürgerschaft, wie die der Oesterreicher aus Genua 1746 hieher rechnet. Nicht minder müssen auch jene, welche die Waffen nur zur Vertheidigung ihres Lebens und ihrer Familien ergreifen, als Combattanten angesehen werden.

Wer immer während eines Krieges Feindseligkeiten ausübt, ohne in eine der oben angeführten Kategorien zu gehören, kann, wenn er gefangen wird, keinen Anspruch machen als ein legitimer Krieger nach Kriegsmanier behandelt zu werden. Er verfällt dem strengen Martialgesetze, wenn nicht schon dem Strafgesetze des eigenen Staates. Landleute, die auf eigene Faust plündern, einzelne Soldaten tödten, werden wie gemeine Verbrecher, Räuber und Mörder mit der äussersten Strenge bestraft.

Man vergleicht mit den Freicorps der Landkriege die Kaper im Seekriege. Der Vergleich ist nur in einer Beziehung zutreffend. Insoferne Kaperbriefe (lettres de marque) noch ausgetheilt werden dürfen (was z. B. zwischen den Mächten, welche die Erklärung vom 16. April 1856 in Paris unterzeichneten oder derselben später beitraten, nicht der Fall ist, da sie auf das Recht, Kaperbriefe auszustellen, unter einander verzichteten), müssen allerdings Kaper als Combattanten behandelt werden. Aber der Vergleich hinkt, wenn man den Massstab moralischer Werthschätzung anlegt. Freicorps sind keine Räuberbanden, sondern Genossenschaften von Männern, welche in patriotischer Hingebung für das Vaterland ihr Leben auf's Spiel setzen; Kaper sind gewinnsüchtige Speculanten, welche Schiffe ausrüsten, um mit gedungenen, beutesüchtigen Abenteurern harmlose, friedliche Kauffahrer in hoher See anzufallen und zu plündern. Sie sind eigentlich nichts anders als patentirte Seeräuber, corsaires, wie sie einfach im Französischen

genannt werden. Zweifellos können jedoch und werden Frei-
beuter, die ohne Autorisation (commission) Feindseligkeiten
gegen Privatschiffe im Seekriege ausüben, als wirkliche, nicht
patentirte Seeräuber behandelt, ebenso jene Individuen, welche
von den entgegengesetzten Parteien Kaperbriefe annehmen. Ja,
es ist problematisch, wird von den meisten Schriftstellern im
Sinne der Negative beantwortet, ob Kaperbriefe von einem
Kriegführenden ausgestellt, ohne specielle Genehmigung auch
für seine Alliirten gelten. Ein so furchtbares, exceptionelles
Recht, sagen wir vielmehr dieser nur noch im Seekriege vorhan-
dene barbarische Usus, muss im strengsten und engsten Sinne
interpretirt werden.

Noch ist eine Classe von Individuen zu erwähnen, welche,
obzwar mit den Combattanten im Verbande stehend, ihnen
doch nicht beigezählt werden kann, alle Individuen, welche
dem Heere zur Besorgung seiner geistlichen, juridischen, leib-
lichen Ansprüche folgen, Militärseelsorger, Auditore, Aerzte,
Verpflegsbeamte. Diese Individuen werden nicht als Combattanten betrachtet, so lange sie sich der Waffen nur zur Vertheidigung gegen Angriffe auf ihre friedliche Persönlichkeit
bedienen. So lange Individuen dieser Kategorie im Verbande
mit ihren Truppenkörpern stehen, theilen sie deren Los, insofern sie mit ihnen in Kriegsgefangenschaft gerathen können.
Häufig werden sie aber in diesem Falle entlassen, wenn sie
nicht ihren Landsleuten, wie namentlich Aerzte und Seelsorger,
hülfreich zur Seite stehen sollen.

§. 45.
Erlaubte Mittel der Kriegführung.

Gewalt und List sind im Kriege erlaubt, aber nicht
unbedingt, nicht ohne Einschränkung.

Was zuvörderst die Anwendung der Gewalt betrifft, darf
sie nur nach den Gesetzen und Gebräuchen, welche die Kriegsmanier unter gesitteten Völkern eingeführt hat, geübt werden.
Auch die Organe, deren man sich bei Ausübung der Gewalt
bedient, müssen diesem Grundsatze entsprechen. Wilde, wenn
auch äusserlich als Combattanten eingereihte oder bezeichnete
Horden, können nicht als regelrechte Krieger angesehen werden.

Wir erinnern an die afrikanischen Zuaven und Turcos im
deutsch-französischen Kriege, an die entmenschten Horden der
Baschi - Bozuks und die bulgarischen, von ihnen verübten
Gräuel. Allerdings bringt der Krieg mit wilden Völkerschaften,
die keine Kriegsmanier kennen, die Gefangenen verstümmeln
oder tödten, wie nicht minder, selbst unter andern Verhältnissen, ausserordentliche Nothlagen, die traurige Nothwendigkeit
mit sich, der eigenen Rettung und Selbsterhaltung wegen, von
der Kriegsmanier abzuweichen. Bonaparte und die gefangenen,
wortbrüchigen Arnauten auf dem Rückzuge von Syrien nach
Aegypten; die ebenso tragische Geschichte der Araber in der
Höhle Dara in Algerien mögen als glücklicher Weise höchst
seltene Beispiele dienen.

Die Tödtung ist nur im Kampfe gestattet, ausserhalb
desselben ist sie Mord. Auch die Aechtung, in Achterklärung
eines Einzelnen, wie des Freiherrn von Stein durch Napoleon,
ist nach heutiger Völkersitte nicht gestattet, ist nur eine Re-
miniscenz des Mittelalters. Wenige Jahre später wurde Napoleon selbst von den Alliirten in die Acht erklärt. Die Formel,
es sei Jemand als vogelfrei zu betrachten und zu behandeln,
er stehe ausserhalb des Gesetzes, ist mit den heutigen Rechtsanschauungen nicht vereinbar, denn kein Mensch ist rechtlos.

Verboten durch heutige Kriegssitte ist Vergiftung der
Brunnen; absichtliche Verbreitung von Pest und andern an-
steckenden Stoffen im feindlichen Heereslager; der Gebrauch
aller Waffen, die, wie Kettenkugeln, Pechkränze, mit Glas
und Kalk gemischte oder glühende Kugeln, welche unnütze,
daher lediglich grausame Schmerzen verursachen. Hieher gehört auch zufolge der St. Petersburger Convention vom 11. December 1868 das Verbot, sich der Spreng- oder explodibeln,
mit entzündlichen oder brennbaren Stoffen gefüllten Geschosse
von weniger als 400 Gramm Gewicht zu bedienen, ein Verbot,
das sich übrigens nur auf Flintenkugeln, nicht auf das grobe
Geschütz bezieht.

Der Zweck des Kampfes ist nur den Feind zum Widerstande unfähig zu machen; jedes weitere, ihm zugefügte Uebel
ist Grausamkeit, Unmenschlichkeit.

Der Meuchelmord gegen den Heerführer ist durch die
Kriegssitte verdammt, nicht minder einen Preis auf den Kopf

eines Souveräns oder Heerführers zu setzen. Die Unterthanen
des Gegners zur Rebellion aufzureizen, seine Truppen zum
Verrathe am Kriegsheere zu verleiten, widerstreitet allen Be-
griffen von Ehre und guter Sitte. Wie erst die Formirung
von Legionen aus Deserteuren und gepressten oder verführten
Kriegsgefangenen gegen ihren Souverän, gegen den eigenen Staat!

Führt der Feind selbst einen Vernichtungskrieg, achtet
er keine Kriegssitte, dann braucht sie auch gegen ihn nicht
eingehalten zu werden.

Die Kriegssitte, welche Schonung des feindlichen Eigenthums gebietet, kann auch dann der traurigen Kriegsraison
weichen, wenn die unabwendbare Nothwendigkeit es so erheischt, und zwar in folgenden Fällen: wenn dieses Eigenthum
zu Kriegszwecken unumgänglich nothwendig ist und dem
Feinde nur durch Zerstörung entzogen werden kann; wenn
man solche Sachen nicht erlangen oder nicht behalten kann,
sie aber auch nicht in den Händen des Feindes belassen darf,
ohne seine Angriffs- oder Widerstandskraft zu vergrössern,
daher z. B. Kanonen, die man nicht mitnehmen kann, ver-
nagelt, Schiffe in den Grund gebohrt werden; wenn man Bäume,
Häuser u. s. w. abtragen muss, um Verhaue, Befestigungen
anzulegen. Selbst Verheerung des eigenen Landes ist ja oft,
wie z. B. 1812 in Russland, als Mittel, den Feind der Subsi-
stenzmittel zu berauben und zum Rückzuge zu nöthigen, in's
Werk gesetzt worden.

§. 45 (a).

Insbesondere von der List im Kriege.

Es ist erlaubt den Gegner über unsere wahren Absichten
zu täuschen, ihn beispielsweise durch eine fingirte Flucht in
einen Hinterhalt zu locken, ihn über unsere Positionen und
Kriegspläne in Irrthum zu führen. Nicht selten wird durch
Anwendung der List grösseres, unnützes Blutvergiessen ver-
mindert, der Zweck des Krieges mit Schonung von Menschenleben erreicht. Aber die List ist unerlaubt, wenn im gegebenen
Falle, z. B. bei einer Capitulation, einer Zusage freien Geleites,
das Wort unter dem Vorwande, man habe den Gegner durch

eine Zusage nur irreführen wollen, gebrochen, der vertrauens-
selige, im Vertrauen auf das Wort sorg- und wehrlose Feind
überfallen wird. Das wäre gemeiner Treubruch, Ehrlosigkeit,
und schon die Alten sagten vom gegebenen Wort: Fides etiam
hosti servanda est.

Die Aufforderung zum Verrathe wird der feindliche Feldherr mit Entrüstung zurückweisen. Ergeht sie an einen Unterthan oder Soldaten, dann kann man mit der sogenannten **double
intelligence** die Waffen der List gegen den Feind kehren. Der
Feldherr, davon in Kenntniss gesetzt, weist seinen Untergebenen
an, zum Scheine in den Verrath einzugehen, um dann den in
Sicherheit des Erfolges gewiegten Feind mit heimlich vorbe-
reiteter Macht zu überfallen. Denn der zum Verrath auffor-
dernde Theil ist nicht berechtigt, die Erfüllung einer diesfalls
gemachten Zusage zu verlangen.

Was ist aber von der That des persischen Feldherrn
Zopyrus zu urtheilen, der sich selbst verstümmelt, das Vertrauen der belagerten Babylonier gewinnt, denen er vorspiegelt,
sein König habe ihn so grausam behandelt, und dann nächt-
licher Weile den Persern die Thore Babylons öffnet. Unser
alter Grotius giebt die Antwort: die Treue gegen den König
entschuldigt nicht die Treulosigkeit gegen die Babylonier. Der
wild erhabene Heroismus eines Mucius Scaevola, eines Zopyrus
wird immer bewundert, heut zu Tage aber nicht nachgeahmt
werden. Ohne Meuchelmord, ohne Treulosigkeit, auch innerhalb moderner Kriegssitte ist der Opferfähigkeit für's Vaterland weiter Spielraum geöffnet.

Es ist im Kriege erlaubt, durch heimliche Kundschafter
oder Spione, die sich unter dem Scheine des Freundes oder
des Neutralen bei dem Feinde einzuschleichen wissen, in dessen
Linien eindringen, von dessen Verhältnissen, Plänen und Absichten Kunde zu erlangen. Spione werden, wenn man sie
ertappt, mit der äussersten Strenge, häufig mit der schimpf-
lichen des Aufknüpfens, bestraft, nicht zur Strafe, weil der
Spion, wenn er nicht ein Unterthan des Gegners ist, kein
Verbrechen im völkerrechtlichen Sinne des Wortes begeht, ja oft
ohne Gewinnsucht, aus edlen, patriotischen Motiven handelt,
sondern der grossen Gefahr und des abschreckenden Beispieles
wegen.

Recognoscirungen durch einzelne Officiere oder dazu aus-
gesandte Patrouillen können natürlich nicht als Spionerie betrachtet, und die dabei Ergriffenen nur als Kriegsgefangene
behandelt werden.

Auch wer Mittheilungen über Positionen und Pläne des
Feindes, von einem Gebiete aus, das dieser besetzt hält, und
zu dessen Nachtheile an den Gegner macht, wird nach dem
Martialgesetze behandelt. Das ist Gebot der leidigen Kriegs-
nothwendigkeit.

Luftballone, die in der neuesten Zeit zu Recognoscirungen, zum Transport von Depeschen benützt werden, können
in die Gewalt des Feindes, in Kanonenschussweite gerathen.
Dann werden Briefe und Depeschen weggenommen, die Passa-
giere aber nicht als Spione behandelt, sondern nur gefangen
genommen.

Wer sich freiwillig zum Wegweiser feindlicher Truppen
anbietet, um sie irre zu führen, in die Gewalt des Gegners
zu bringen, wird als Kriegsverräther bestraft, nicht minder
aber auch derjenige, der dazu gezwungen, in böser Absicht
falsche Wege weist.

§. 46.

Näheres über die Behandlung feindlicher Personen.

Das eigentliche Kriegsrecht und die Kriegsmanier wird
nur gegen Combattanten geübt, d. h. es dürfen gegen sie
alle von der Kriegsmanier gestatteten Mittel des Angriffes und
der Vertheidigung angewandt werden. Selbst bis zur Tödtung
kann man vorschreiten. Dagegen ist Tödtung der Verwundeten
und der Kriegsgefangenen nicht gestattet.

Im Kampfe und während desselben kann Schonung einzelner Menschenleben nur in dem Falle stattfinden, wenn der
andere Theil sich nicht dadurch selbst in Gefahr bringt oder
die Erreichung des Kriegszweckes nicht verhindert wird. Das
Vorhaben und die Ankündigung, man werde keinen Pardon
geben, keinen annehmen, ist Vorhaben und Ankündigung eines
Vernichtungskrieges und an sich völkerrechtswidrig, kann höchstens Repressalien hervorrufen. Wilden Völkern gegenüber,

welche ihre Gefangenen martern, kann man höchstens Repressalien durch Tödtung der in unsere Macht Gefallenen üben.
Unmenschlichkeit Wilder ziemt nicht gesitteten Kriegern.

Nichtcombattanten, welche dem Heere folgen: Seelsorger, Aerzte, Intendanten u. s. w. werden zwar vereinzelt
geschont, theilen aber natürlich im Gemenge der Schlacht
das Schicksal der Combattanten, und verfallen in Kriegsgefangenschaft, wenn sie nicht ausdrücklich in Capitulationen
oder allgemeinen Verträgen, wie z. B. in der Genfer Convention vom 22. August 1864, welche Spitäler, Ambulanzen
und das dienstthuende Personale derselben neutralisirt, aus-
genommen werden.

Parlamentäre, welche mit den herkömmlichen Zeichen,
Fahnen, Flaggen u. s. w. nahen, sind unverletzlich, müssen
auch zur Rückkehr sicheres Geleite erhalten.

Personen, welche nicht zur feindlichen Heeresmacht gehören, inbegriffen jene, welche nur die innere Ordnung und
Sicherheit erhalten sollen, auch zu diesem Zwecke bewaffnet
sind, stehen unter dem Schutze des Kriegsrechtes, so lange
sie selbst keine Feindseligkeiten begehen, sich etwa in dem
vom Feinde besetzten Gebiete mit den Waffen in der Hand
erheben (Kriegs-Rebellen). Dem Feinde stehen alle erlaubten
Sicherheitsmassregeln, Abnahme von Waffen, Stellung von
Geiseln zu. Aber so wenig es im Rechte begründet ist, wenn
Einzelne, z. B. aus einem Hause auf Truppen schiessen, die
ganze Gemeinde, ja sogar, wie es im deutsch-französischen
Kriege geschah, auch die Zuständigkeitsgemeinde des Schuldigen verantwortlich zu machen und zu brandschatzen, eben
so wenig ist es einer gesitteten Kriegsmacht würdig, notable
Bürger auf die Locomotive zu stellen, um Aufreissen der
Schienen zu verhindern, zumal da diese an sich ungerecht-
fertigte Grausamkeit exaltirte Patrioten oder auch Uebelthäter
doch von ihrem Vorhaben nicht im mindesten abhalten wird.

Ganz ausser dem Schutze des Kriegsrechtes und der
Kriegsmanier stehen jene Individuen, welche auf eigene Faust,
ohne Erlaubniss des Souveräns, im Gegensatze zu autorisirten,
Kriegsmanier haltenden Freicorps, einen kleinen Krieg plün-
dernd und mordend führen; ferner Ueberläufer, welche beim
Feinde ergriffen werden und dem Tode verfallen; endlich die

Marodeurs, welche, die Reihen verlassend, ohne und gegen
Erlaubniss ihrer militärischen Vorgesetzten vagabundirend und
raubend im Lande umherziehen.

§. 46 (a).

Von der Kriegsgefangenschaft.

Wer sich als Combattant, wenn er widerstandsunfähig
geworden ist, dem Feinde ergiebt, oder in dessen Macht fällt,
wird, nicht wie im Alterthum, ein Sklave, sondern nur Kriegsgefangener, zeitlich und längstens bis zum Ende des Krieges
seiner Freiheit in dem Sinne verlustig, dass er in der Gewalt
des Feindes bleibt, nicht nach Art eines Sträflings, denn er
hat kein Verbrechen begangen, vielmehr seine Pflicht für's
Vaterland erfüllt, sondern eben als Kriegsgefangener.

Der Kriegsgefangenschaft unterliegen alle Combattanten,
auch der Souverän und die Waffen tragenden Mitglieder seiner
Familie.

Jede erlaubte Gewalt endigt, wenn der Gegner wider-
standslos geworden ist, und berechtigt bloss zu weiteren Sicherheitsmassregeln, die deshalb nicht weiter als die Nothwendigkeit gehen dürfen. Es giebt furchtbare Fälle, wo man zwischen
der Alternative steht, die Uebergabe ganzer Truppenkörper
nicht annehmen zu können, z. B. wenn Mangel an Lebens-
mitteln, Unmöglichkeit der Asservirung vorhanden ist; aber
auch den Feind nicht frei ziehen zu lassen, ohne seine eigene
Existenz auf's Spiel zu setzen. Da verhüllt die erhabene
Göttin des Rechtes ihr Antlitz, lässt die tragische Nothwendigkeit walten. Bonaparte befiehlt am 20. Februar 1799 bei Jaffa,
2000 gefangene Arnauten, die schon früher auf ihr Wort,
nicht gegen Frankreich zu kämpfen, entlassen waren, zu er-
schiessen. Mögen solche Fälle nie vorkommen! Wir erörtern
hier, was die Regel bildet.

Das Wesen der heutigen Kriegsgefangenschaft
besteht lediglich in einer thatsächlichen Beschränkung der
natürlichen Freiheit, um die Rückkehr zu den Kampfes-
genossen und eine fernere Theilnahme an den Feindseligkeiten
zu verhindern. Gefangenen Officieren gestattet man auf ihr

Ehrenwort grössere Freiheiten. Unterofficiere und Gemeine werden in Cantonnirungen, Casernen oder Baracken unter engerer Beaufsichtigung gehalten, können auch zu angemessenen Arbeiten verhalten werden, um einen Theil des Unterhaltes abzuverdienen, welchen der Staat, in dessen Gewalt sie sich befinden, wenn auch mit Vorbehalt der Erstattung oder wechselseitigen Compensation bei Beendigung des Krieges, ihnen verabreichen muss. Zweifellos untersteht der Kriegsgefangene während der Dauer des Krieges, beziehungsweise der Gefangenschaft, der Gerichtsbarkeit des fremden Staates, insbesondere der Strafgerichtsbarkeit wegen der von ihm begangenen Verbrechen. Ueberschreitet er die ihm gesetzten Schranken, oder bedroht er gar den auswärtigen Staat in gefährlicher Weise, allein oder complotirend, dann trifft ihn strenge Strafe, oft harte Massregeln zur Ahndung und Hintanhaltung solcher Handlungsweise. Aber Repressalien gegen unschuldige Genossen der Gefangenschaft sind, wenn auch nicht selten als sogenannte Kriegsraison geübt, mit der Kriegführung gesitteter Völker nicht vereinbar. In neuester Zeit gestatten die Kriegführenden die Zulassung von Commissären der Gegenpartei, welche Einblick in die Lage ihrer kriegsgefangenen Landsleute nehmen, ihnen Gaben aus der Heimath mitbringen dürfen, nicht minder offene Briefe der Angehörigen und solche der Kriegsgefangenen an letztere.

Die Kriegsgefangenschaft nimmt ein Ende: 1. wenn der Gefangene freiwillig in die Civil- oder Militärdienste des Gegners tritt, oder sich sonst dessen staatlicher Gewalt unterwirft; 2. wenn er bedingt oder unbedingt in Freiheit gesetzt wird, ersteres, wenn ihm die Verpflichtung auferlegt wird, während des Krieges nicht mehr zu dienen; 3. wenn Gefangene gegen Lösegeld oder in Auswechselung der Gefangenen ihre Freiheit erlangen, wobei höhere Grade einer gewissen Anzahl Individuen niederen Grades parificirt werden; 4. wenn sie durch Gewalt befreit werden, durch die Flucht entkommen; 5. endlich bei dem Friedensschlusse. Ein entflohener Krieger kann, wieder ergriffen, genauer überwacht, nicht bestraft werden, denn er folgte nur dem Drange der Freiheit und der Vaterlandsliebe. Ein Officier, der auf Ehrenwort entlassen wurde, der obendrein die Bedingung einging, während des

8*

Feldzuges nicht in den Reihen der Seinigen zu kämpfen, kann,
wenn er mit den Waffen in der Hand ergriffen wird, als
Treubrüchiger bestraft werden. Eine andere Frage ist, ob
sein Kriegsherr ihm gestattet, eine solche Bedingung einzugehen, welche seinen Kameraden, seiner Pflicht gegenüber,
stets bedenklich, wenn nicht verwerflich erscheint. Ein anderes
ist's, wenn ein ganzer Truppenkörper capitulirt, sich unter
der erwähnten Bedingung ergiebt, die übrigens, wie sich von
selbst versteht, nur auf eine bestimmte Zeit, und höchstens
auf die Dauer des gegenwärtigen Krieges beziehen kann.
Gestattet das Gesetz des Staates dem Officier, ein ähnliches
Versprechen abzugeben, eine solche Bedingung einzugehen,
dann hindert das nicht, dass er im inneren Dienste des Kriegs-
ministeriums, zum Abrichten von Recruten u. dgl. verwendet
werde. Nur als effectiver Combattant darf er nicht thätig sein.

§. 46 (b).

Anhang von der Genfer Convention.

Diese Convention, in Genf am 22. August 1864 geschlossen,
ist mehr als ein blosser Versuch zur Milderung und Humani-
sirung des rücksichtslosen Kriegsrechtes älterer Zeit; sie ist
ein förmlicher, feierlicher Staatsvertrag, dem ausser den ursprünglichen Contrahenten nacheinander sämmtliche Staaten
Europas beigetreten sind.

Den ersten Anstoss gab die Schrift eines Genfer Arztes,
Dunant, welcher als Volontär des ärztlichen Dienstes sich im
Jahre 1859 bei der französischen Armee in Italien befand.
Die Schweiz aber berief durch ihren Bundesrath eine internationale Conferenz zusammen, deren Ergebniss eben die Convention war, der Oesterreich, obgleich schon bei der Conferenz
vertreten, förmlich erst am 21. Juli 1866, Russland am 22. Mai
1867 beitrat. Eine neue Conferenz versammelte sich 1868 in
Genf, und trat, neue seit 1866 gemachte Erfahrungen benützend,
mit einer Reihe von Vorschlägen hervor, welche zwar von
den Regierungen nicht förmlich ratificirt, aber im deutsch-
französischen Kriege, insbesondere was die so wohlthätigen
Comités freiwilliger Hülfe betrifft, stillschweigend angenommen,

d. h. beobachtet wurden. Die Convention, welche den Titel: Convention zur Verbesserung des Loses der verwundeten Militärs der Armeen im Felde, führt, lautet folgendermassen:

Artikel 1. Die Ambulanzen und Militärspitäler werden als neutral anerkannt, und als solche von den Kriegführenden beschützt und respectirt, so lange sich in demselben Kranke und Verwundete befinden. Die Neutralität hört auf, wenn diese Ambulanzen oder Spitäler von einer militärischen Macht besetzt werden.

Artikel 2. Das Personale der Ambulanzen und Spitäler, welches die Intendanz, das Sanitätspersonale, die Administration, den Transport der Verwundeten, sowie die Seelsorger umfasst, wird an den Wohlthaten der Neutralität Theil nehmen, wenn es in Function steht, und so lange Verwundete, die der Pflege und Hülfe bedürfen, vorhanden sind.

Artikel 3. Die im vorhergehenden Artikel bezeichneten Personen können selbst nach der Besitznahme durch den Feind ihre Functionen im Spitale oder bei der Ambulanz, der sie zugetheilt sind, fortsetzen oder sich zurückziehen, um sich mit dem Truppenkörper, zu dem sie gehören, zu vereinigen.

Wenn diese Personen unter den hier angegebenen Umständen ihre Functionen einstellen, so werden sie durch die Fürsorge der occupirenden Armee den feindlichen Vorposten übergeben.

Artikel 4. Da das Materiale der Militärspitäler den Kriegsgesetzen unterliegt, so können die den Dienst in diesen Spitälern besorgenden Personen, wenn sie sich zurückziehen, nur die in ihrem Privateigenthume befindlichen Gegenstände mitnehmen.

Unter derselben Voraussetzung behalten aber die Ambulanzen ihr Material.

Artikel 5. Die Einwohner des Landes, welche den Verwundeten hülfreich beistehen, werden respectirt und bleiben frei. Die Generale der kriegführenden Mächte werden es sich zur Aufgabe machen, die Einwohner von dem Appell an ihre Menschlichkeit, und der Neutralität als Consequenz im vorhinein in Kenntniss zu setzen.

Jeder Verwundete, welcher in einem Hause aufgenommen und gepflegt wird, soll ihm als Salvaguardia dienen. Der

Einwohner, der Verwundete bei sich aufnimmt, wird von Einquartierung, sowie von einem Theile der etwa auferlegten Contribution befreit.

Artikel 6. Die verwundeten oder kranken Militärs werden ohne Unterschied der Nation, der sie angehören, aufgenommen und gepflegt.

Es ist den Oberbefehlshabern eingeräumt, die während des Kampfes verwundeten Militärs unmittelbar an die Vorposten des Feindes geleiten zu lassen, wenn die Umstände es erlauben und beide Theile einwilligen.

Diejenigen, welche nach ihrer Heilung als dienstuntauglich erkannt werden, sollen in ihre Heimath zurückgeschickt werden. Die Andern können, unter der Bedingung dass sie während der Dauer des Krieges die Waffen nicht mehr führen, ebenfalls zurückgeschickt werden.

Artikel 7. Eine unterscheidende und gleichförmige Fahne soll für die Spitäler, Ambulanzen und Evacuationen angenommen werden. Unter allen Umständen soll neben derselben die nationale Fahne aufgerichtet werden. Ebenso wird für das neutralisirte Personale ein Armband angenommen, dessen Ausfolgung jedoch der militärischen Behörde überlassen bleibt.

Artikel 8. Die Einzelnheiten der Durchführung der gegenwärtigen Convention werden von den Oberbefehlshabern der kriegführenden Armeen, in Gemässheit der Instructionen ihrer betreffenden Regierungen und der allgemeinen, in dieser Convention ausgesprochenen Grundsätze geregelt werden.

Artikel 9. Die hohen contrahirenden Mächte sind übereingekommen, die gegenwärtige Convention den Regierungen mitzutheilen, die nicht in der Lage waren, Bevollmächtigte zur Genfer internationalen Conferenz abzusenden, und sie zum Beitritte einzuladen, zu welchem Behufe ihnen das Protokoll offen gehalten wird.

Artikel 10. Die gegenwärtige Convention wird ratificirt, und die Ratificationen werden binnen vier Monaten, oder wenn thunlich früher, in Bern ausgetauscht werden.

§. 47.
Behandlung feindlicher Sachen.

Was zuvörderst unbewegliche Sachen im Feindeslande anbelangt, so muss man zwischen dem Eigenthume des Staates und der Privaten unterscheiden. Der zeitweilige Occupant fremden Staatsgebietes ist noch kein Eigenthümer. Er wird es erst, wenn er im Frieden oder durch bleibende Eroberung die volle Staatsgewalt erlangt hat. Bis dahin kann er nur die Nutzungen des occupirten Landes, immer nach Abzug der Verwaltungskosten, ziehen. Was ihm nicht gehört, kann er auch nicht veräussern. So verkaufte der König von Dänemark 1715 die eroberten schwedischen Fürstenthümer Bremen und Verden an Hannover, bevor der König von England Georg I. noch den Krieg an Schweden erklärt hatte. Erst der Friede von Stockholm 1720 sanirte diese Widerrechtlichkeit durch förmliche Abtretung an Hannover.

Unbewegliches Privateigenthum ist hingegen nie ein Gegenstand feindlicher Aneignung. Dazu gehört auch das Privateigenthum der regierenden Familie, nicht aber Staatsdomänen, deren Ertrag etwa ganz oder theilweise die Stelle einer Civilliste vertritt. Auch über Privatforderungen zu verfügen, steht dem Eroberer kein Recht zu.

Was die beweglichen Sachen des Feindes im Feindeslande betrifft, so gilt im Landkriege der Grundsatz, dass bewegliches Privateigenthum kein Gegenstand der Appropriation ist, während das schwimmende Eigenthum des Feindes im Seekriege noch immer das Hauptobject des Angriffes und Aufgreifens bildet. Vergebens remonstrirt die ganze gesittete Welt gegen diesen Rest mittelalterlicher Barbarei, und auch die Aufhebung des Kaperwesens im Frieden von Paris 1856 ist nur eine theilweise Milderung, keine Beseitigung des Raubsystems, weil es dem Kaufmanne schliesslich gleichgültig ist, ob ihm sein Eigenthum von einem Staatsschiffe oder einem patentirten Seeräuber genommen wird. Erst in jüngster Zeit wird unter der Bedingung der Reciprocität das Privateigenthum zur See respectirt, insbesondere nachdem das neue italienische Seegesetz diesen Grundsatz festgestellt hat.

Im Landkriege ist bewegliches Eigenthum der Staatsgewalt allerdings Gegenstand kriegerischer Angriffe und der
Benützung durch den Feind. Insbesondere darf sich dieser der
Kriegscassen, Waffen und Waffenvorräthe, Magazine von Lebens-
und Transportmitteln für das Heer bemächtigen. Dasselbe gilt
insbesondere auch von dem Material der Eisenbahnen (Loco-
motiven und Waggons u. s. w.), selbst dann, wenn sie Privat-
gesellschaften angehören. Denn dieses Verkehrsmedium ist für
den Transport von Truppen und Kriegsbedarf von so äusserster
Wichtigkeit, dass seine Beschlagnahme von der Kriegsnoth-
wendigkeit geboten erscheint. Die Gesellschaften haben dann
beim eigenen Staate Regress zu suchen. Das Gesagte gilt auch
von Waffenmagazinen, die Privaten gehören, von Lebensmittel-
magazinen aber nur dann, wenn sie ausschliesslich für Kriegszwecke, nicht zur Ernährung der friedlichen Bevölkerung bestimmt sind.

Hingegen muss nach heutiger Kriegsmanier das Eigenthum öffentlicher, der Wissenschaft und Kunst oder humani-
tären Zwecken gewidmeten Anstalten respectirt werden. Nicht
minder ist die Wegführung von Kunstwerken, Lehrmitteln u. s. w.
und obendrein ohne Vertrag Barbarei.

Offene Städte, die nicht vertheidigt werden, dürfen
besetzt, aber nicht beschossen werden. Es fordert aber die
heutige Kriegssitte, dass vor Beginn des Bombardements, wenn
es überhaupt thunlich erscheint, dies angekündigt werde,
damit Nichtcombattanten, besonders Frauen und Kinder, in
Sicherheit gebracht werden können. Ist eine Stadt mit Festungs-
werken, detachirten Forts in Verbindung, so soll das Bombardement zunächst auf die Festungswerke, nicht auf friedliche
Quartiere oder gar auf Spitäler u. s. w. gerichtet werden. Bei
dieser Gelegenheit bemerken wir, dass der Befehlshaber eines
festen Platzes die nicht streitenden Mitesser — die unnützen
Mäuler — fortschaffen darf, um sich länger halten zu können.
Aber der Belagerer kann aus entgegengesetztem Grunde das
Abziehen der Nichtcombattanten hindern. Allerdings kann nur
die äusserste militärische Nothwendigkeit solche Härte rechtfertigen. Der Belagerte muss dann die ärmsten, so hin und
her gezerrten Greise, Kinder, Frauen wieder aufnehmen.

Das Privateigenthum von Gemeinden und Einzelnen wird im Kriege durch Contributionen und Requisitionen getroffen. Die Last der Einquartierung wird auf die Hauseigenthümer und sonstigen Einwohner durch Vermittlung der Landesbehörden, meistens nach den Gesetzen und Gewohnheiten des Landes vertheilt. Die Quartiergeber sind auch verhalten, den Soldaten die erforderliche Speise zu geben. Fuhrwerk und Pferde werden vom Feinde requirirt, wie ja oft vom eigenen Staate, und nicht selten müssen ihm auch Tücher zu Uniformen und Schuhwerk geliefert werden. Alles das erfolgt heute im geregelten Wege. Der Grundsatz, der Krieg müsse den Krieg nähren, die Selbstrequisitionen der Landsknechte und der Wallensteinischen Armee sind von Plünderung untrennbar. Für Leistungen der Unterthanen in Naturalien oder deren Relutum, welche die gewöhnliche Einquartierung, Verpflegung und Vorspannsleistung übersteigen, wird vom civilisirten Feinde Baarbezahlung geleistet oder werden dafür Bons ausgestellt, deren Begleichung dem Frieden, oder, wenn er darüber schweigt, dem eigenen Staate vorbehalten bleibt.

Ausser den erwähnten Leistungen kennt das Völkerrecht kein Recht zur Aufbürdung von noch weiter gehenden Lasten. Insbesondere entbehrt die Auflage von Geldcontributionen des rechtlichen Fundamentes. So wenig der eindringende Feind das Recht hat, die Einwohner des occupirten Landes für seinen Heeresdienst zu pressen, ebensowenig darf er willkürlich über das Vermögen der Einzelnen oder Gemeinden schalten, wenn es der Kriegszweck in besonderen Ausnahmsfällen nicht unumgänglich erheischt. In Algier nöthigt die Kriegsraison oft zu Razzias, zur Verheerung der Saaten und Wegtreibung der Heerden. Mit rohen Naturvölkern kann man eben den Krieg nicht anders führen.

· Im Nothfalle kann, während jeder Diebstahl und Raub, vom Soldaten im Quartier oder auf dem Marsche begangen, strenge bestraft wird, der Feldherr auch Lebensmittel und Fourage durch verlässliche, von Officieren und Verpflegsbeamten begleitete Truppen zwangsweise requiriren. Das ist ein Mittel, um der Plünderung und Zuchtlosigkeit in ihrem Gefolge vorzubeugen. Am zweckmässigsten ist und bleibt die

systematische Fürsorge der Regierung und des Feldherrn für
die regelmässige, auf Vorräthe gestützte Verpflegung des
Heeres. In zweiter Linie steht die Verpflegung im Feindeslande gegen Bezahlung oder Zahlungsanweisung; auf der unter-
sten Linie und nur als Ausnahme die Zwangsrequisition ohne
Entschädigung durch den Requirenten.

§. 48.
Vom Beuterechte.

Nach heutigem Völkerrechte kann man als Regel ansehen, dass Beutemachen (praeda bellica, butin) im Landkriege nicht gestattet ist. Wenn der Fortschritt der Gesittung
keine Illusion ist, dürfte auch im Seekriege dereinst das Privateigenthum des Feindes geschont werden. Ausnahmen von der
Regel machen im Landkriege das bewegliche Eigenthum —
denn nur an solchem kann Beute gemacht werden — des
feindlichen Staates, Waffen und Rüstung der Combattanten, endlich die Erlaubniss einen erstürmten Platz zu
plündern.

Wenn ein Staat dem andern eine Geldsumme schuldet,
kann er wohl während des Krieges die Verzinsung und Amor-
tisirung der Schuld einstellen, während die Verpflichtung bleibt.
Privatgläubigern gegenüber, die feindliche Unterthanen sind,
kann solche Zahlungssuspension höchstens, wenn überhaupt zulässig, aus dem Grunde von Repressalien geübt werden, wie es
Friedrich II. von Preussen im österreichischen Erbfolgekriege
mit den englischen Gläubigern der sogenannten schlesischen
Staatsschuld that, als preussische Handelsschiffe von englischen
Kapern aufgegriffen wurden.

Erbeutete Kanonen, Waffenvorräthe u. s. w. gehören dem
Staate, Waffen der Einzelnen dem Einzelnen, der ihn bewältigt,
nicht so Uhren, Juwelen, unter gesitteten Kriegern, es wäre
denn, dass sie an Todten gefunden werden, da die Erben
unbekannt, die Plünderung durch Nachzügler, die Hyänen des
Schlachtfeldes, gewiss ist.

Die Plünderung erstürmter Plätze wird wohl jetzt nicht
mehr gestattet. Als Anfeuerung zur Tapferkeit versprochen,
ist sie unehrenhaft, gesitteter Krieger unwürdig, die ihr Leben
für's Vaterland, nicht für Beute, für Plünderung unschuldiger

Menschen auf's Spiel setzen sollen. Die Behauptung, man könne sonst den Soldaten nicht zurückhalten, wäre ein schlechtes Zeugniss für Autorität und Disciplin im Heere.

Wenn und insoweit übrigens Beutemachen noch gestattet ist, wird zur Eigenthumserwerbung der Besitz von 24 Stunden erfordert, so dass die vor dieser Zeit wieder abgejagte Beute dem Wiedernehmer zufällt. Aehnliches gilt von der Seebeute. Sie gilt in der Regel für gemacht, für geeignet, einen Eigenthumstitel zu begründen, wenn sie in Sicherheit gebracht ist, z. B. in den Bereich des Seegebietes oder einer Flotte des Aufgreifenden.

§. 48 (a).

Recht auf feindliche Sachen im Seekriege.

Der Seekrieg ist vorzugsweise auf Zerstörung des Handels des Gegners gerichtet, weil der Handel reich macht, der Reichthum die Widerstands- und Agressivkraft des Feindes erhöht. Das Feindeseigenthum zur See wird nicht nur nicht wie im Landkriege geachtet, sondern ist Hauptgegenstand des Angriffes und der Aneignung, wird als gute Prise betrachtet, und nicht nur von Kriegsschiffen, sondern auch von dazu ermächtigten Privaten (armateurs, croiseurs, privateers, Kapern). Kauffahrteischiffe, die nur zum Zwecke ihrer Vertheidigung gegen Angriffe armirt sind, haben dieses Recht nicht. Selbst fremden Unterthanen ertheilt man nicht selten Kaperbriefe. Neutrale aber, die ihren Unterthanen die Annahme von Kaperbriefen gestatten, verletzen die Neutralität. Selbst Landtruppen können bei Eroberung eines Hafenplatzes Seebeute machen, auf welche dann die Beschränkungen des continentalen Krieges keine Anwendung finden. Neutrale Staaten lassen gewöhnlich nur von Kreuzern (Staatsschiffen), nicht von Kapern gemachte feindliche Prisen in ihre Häfen zu, können übrigens alle Prisen, d. h. auch neutrale, wegen Handel mit Kriegscontrebande oder nach blockirten Plätzen aufgegriffene Schiffe, mit Ausnahme des Nothfalles, zurückweisen. Das barbarische Recht der Seebeute ist auch widerspruchsvoll. Es erstreckt sich nur auf schwimmendes Feindesgut, nicht auf das noch nicht geladene oder das schon ausgeladene Gut. Die Docks und Magazine der

Seestädte schützen es, nicht minder die Flagge der Neutralen
(le pavillon couvre la cargaison).

Fischerboote und Fischergeräthe sind stets als neutral zu behandeln, ausser wenn sie zu feindlichen Zwecken benützt werden. Auch Schiffe, die zu wissenschaftlichen Zwecken,
zu Entdeckungsreisen verwendet werden, sollten weder angegriffen noch aufgegriffen werden.

Ein Prisen- oder Admiralitätsgericht hat über die
Rechtmässigkeit der Prise zu entscheiden, und erst durch
dessen Entscheidung wird dem Aufgreifer (Captor) das Eigen-
thum der Prise förmlich zugesprochen, und zwar in dem Ver-
hältnisse, welches durch die Gesetze des Staates bezüglich der
Vertheilung des Erlöses der Prise zwischen Mannschaft und
Officieren bei den Kriegsschiffen bestimmt ist, oder dem ganzen
Betrage nach wie bei Kapern.

Dieselben Gesetze erklären, ob der Captor ein feindliches
Schiff rançonniren, d. h. ihm gestatten dürfe, gegen Zahlung
eines Lösegeldes seinen Weg ungehemmt durch Kreuzer oder
Kaper derselben Nation binnen einer bestimmten Zeit nach
einem bezeichneten Orte fortzusetzen. Verunglückt das so los-
gekaufte Schiff durch Elementarereignisse, so zahlt es dennoch
das Lösegeld oder kann das gezahlte nicht zurückverlangen.
Wird der Captor selbst mitsammt der Loskaufsurkunde vom
Gegner aufgegriffen, dann erlischt die Pflicht zur Zahlung des
Lösegeldes.

In Prisensachen zuständig sind nur die dazu bestellten
Gerichtshöfe des Staates, dem der Kreuzer angehört, der die
Kaperbriefe ausgestellt hat; ausnahmsweise auch ein neutraler
Staat, wenn die Prise in dessen Gebiete oder mit daselbst
ausgerüsteten Schiffen, beides also mit Verletzung der Rechte
des Neutralen, gemacht werden. Consuln und Gesandten eines
Kriegführenden im neutralen Staate gestattet man keine Prisengerichtsbarkeit, höchstens die Voruntersuchung, wenn die Häfen
des Kriegführenden weit entfernt vom Schauplatze der Captur
liegen, und überlässt die Endentscheidung stets dem heimischen
Prisengerichte.

Das Verfahren der Prisengerichte ist sehr summa-
risch. Ein sogenanntes Reclameverfahren wird dem Eigenthümer des Schiffes nur gewährt, wenn er den Beweis führt,

dass es kein feindliches oder doch ein losgekauftes ist. In der
Regel ist das Verfahren nur bestimmt zu constatiren, dass das
Schiff feindliches Eigenthum ist, und dass die Prise rechtzeitig,
d. i. nach Ausbruch des Krieges, gemacht, daher verfallen ist.

§. 49.

Von Kriegsverträgen (conventions de guerre).

Kriegsverträge sind Willensvereinbarungen, welche
zwischen den Kriegführenden während des Krieges, längstens
für die Dauer desselben, mit Rücksicht auf die Kriegführung
und zu Zwecken derselben, jedoch ohne die Absicht den Krieg
zu beenden, geschlossen werden. Sie sind entweder allgemeine Kriegsverträge, welche für die ganze Kriegszeit
abgeschlossen werden, wie Verträge über die Regelung des
Postverkehres, über Parlamentäre, Kriegsgefangene, Neutralität
gewisser Oertlichkeiten oder Objecte u. s. w.; oder besondere
Kriegsverträge, specielle Gegenstände betreffend und vorübergehend oder gelegenheitlich eingegangen, z. B. Capitulationen, Waffenstillstände. Kriegsverträge müssen heilig aufrecht gehalten werden, denn auch das dem Feinde gegebene
Wort ist unverletzlich. Je weitere Geltung unter dem Einflusse höherer Gesittung die Kriegsmanier erlangt, desto zahlreicher werden die Kriegsverträge. Wir heben nur einige der
vorzüglichsten heraus.

Parlamentäre sind von einem Trommler oder Trompeter
begleitete Boten des Gegners, die nach einem gegebenen
Zeichen bei den Vorposten ihre Briefe abgeben und zum Behufe der ihnen aufgetragenen Unterhandlung eine Unterredung
verlangen. Man kann den Parlamentär abweisen, aber erst
dann feindlich behandeln, wenn er trotz der Aufforderung sich
nicht entfernt. Wird der Parlamentär angenommen, so führt
man ihn unbewaffnet, wenn man es für nöthig findet, auch
mit verbundenen Augen in das Hauptquartier und eben so
zurück, wo ihm dann bei den äussersten Vorposten die Binde
wieder abgenommen und die Waffen zurückgestellt werden.
Im Seekriege hissen Parlamentärschiffe eine weisse Flagge auf
(ähnlich wie ein belagerter Platz, der unterhandeln will), müssen

jedoch die Antwort auf der äussern Rhede abwarten, werden
in den Hafen erst eingelassen, wenn der Unterhändler angenommen wird. Ein belagerter Platz steckt, wie eben erwähnt,
die weisse Fahne auf und giebt gewöhnlich zugleich ein Zeichen
mit der Trommel (Chamade), worauf der Belagerer mit der
Trommel erwidert.

Eine angegriffene Truppe, die sich ergeben will, streckt
das Gewehr; ein sich ergebendes Schiff zieht seine Flagge
ein, steckt dafür eine weisse auf. Feindseligkeiten gegen sich
ergebende, auf weiteren Kampf verzichtende Gegner, sind
grobe Verletzungen des Völkerrechtes.

Sauvegarden, die entweder lebende sind, d. i. ein
oder mehrere zur Sicherheit beigegebene Soldaten, oder todte,
in Briefen oder schriftlichen Weisungen bestehende, verleihen
Personen und Sachen des Gegners Schutz gegen Vergewaltigung. Die Oertlichkeit oder die Person, welche eine Sauve-
garde (salva guardia) erhält, muss sie auch bezahlen, die
lebende erhalten. Solche lebende Sauvegarden sind unverletzlich,
und wird der Ort, wo sie sich befinden, von der Gegenpartei
besetzt, so sind jene mit Gepäck und Waffen den ihrigen nach-
zuschicken. Dieselbe Unverletzlichkeit gebührt sogenannten
wandernden Salvegarden, welche eine capitulirte Garnison oder
entlassene Kriegsgefangene heimgeleiten.

Capitulationen zur bedingten oder unbedingten Uebergabe von belagerten Plätzen, eingeschlossenen Truppenkörpern,
erfolgen gewöhnlich in Folge der Aufforderung sich zu ergeben,
von fruchtlosem, ohne Aussicht auf Entsatz fortgeführtem
Widerstande abzulassen. Die Bedingungen der Capitulation
werden in der Regel schriftlich abgefasst und betreffen das
Schicksal der Garnison, der Stadtbewohner, der Kranken u. s. w.
Meistens wird die Clausel beigefügt, dass die abziehende Truppe
im Laufe des Krieges — nicht in aller Folgezeit, was der
Pflicht gegen das Vaterland widerstreiten würde — nicht gegen
den andern Theil kämpfen dürfen.

Waffenstillstandsverträge bezwecken entweder eine
kurze Waffenruhe (suspension d'armes) von wenigen Stunden,
z. B. zur Beerdigung der Todten, zu Unterhandlungen wegen
Uebergabe u. s. w., oder sie verschieben die Feindseligkeiten auf
längere Zeit (Waffenstillstand im eigentlichen Sinne, armistice).

Einen allgemeinen, sich auf den ganzen Kriegsschauplatz er-
-.reckenden Waffenstillstand (trève) abzuschliessen, welcher den
Frieden anbahnen soll, liegt nur in der Macht des Souveräns,
während die gewöhnlichen Kriegsverträge nach den Erforder-
nissen der Kriegführung von den militärischen Befehlshabern
in ihrer Competenzsphäre geschlossen werden können. Waffenstillstände auf Jahre hinaus (trèves à longues années) schlossen
einst die Türken, da sie nach ihren Religionsansichten die
Ungläubigen stets zu bekämpfen verpflichtet, mit ihnen keinen
immerdauernden, ewigen Frieden schliessen dürfen. Seit dem
Belgrader Frieden mit Oesterreich (1739) werden diese lang-
jährigen Waffenstillstände, eigentlich eine Form von Friedensverträgen, nicht mehr eingegangen.

Während eines Waffenstillstandes ruhen die Feindselig-
keiten und darf nichts vorgenommen werden, was den Feind
ohne den Waffenstillstand hindern könnte und hindern würde.
Beispielsweise dürfen bei einem belagerten Platze wohl im
Innern Verbesserungen, dagegen an den Aussenwerken keine
Arbeiten vorgenommen, Verstärkungen in der dem feindlichen
Feuer offenliegenden Richtung nicht herbeigezogen werden. Die
Verproviantirung eines belagerten Platzes während des Waffen-
stillstandes wird für die Zeit des letzteren und im Verhältnisse
der Einwohnerzahl geregelt. Will man den Platz mit seiner
oft grossen Einwohnerschaft nicht durch Aushungerung zur
Uebergabe zwingen, so schliesst man keinen Waffenstillstand,
und ohne Regelung der Verproviantirung, bei fortgesetzter
Sperre der Zufuhr, wäre der Waffenstillstand im gegebenen
Falle von vornhinein illusorisch.

Ist der Wiederbeginn der Feindseligkeiten nicht im Vertrage anberaumt, so muss er wenigstens durch vorhergehende
Ankündigung angezeigt werden.

Eine von dem militärischen Befehlshaber innerhalb der
Grenzen seiner Befugniss mit dem Feinde abgeschlossene
Kriegsconvention ist rechtsverbindlich, ohne dass es der Ratification des Souveräns als Kriegsherrn bedürfte. Wird sie nicht
erfüllt, nicht zugehalten, ist der andere Theil, zumal, wenn
sich die Sachlage inzwischen geändert hätte, nicht verpflichtet
sie zu erfüllen. Die Zeit ist hier von wesentlicher Bedeutung.
Wenn etwas dazwischen tritt, was die Erfüllung einer solchen

Convention unausführbar macht, ist dieselbe null und nichtig
oder kann durch neue Unterhandlungen ganz geändert werden.
Beispiele bieten: Die Convention von Kloster Seven im siebenjährigen Kriege (1757) zwischen dem Herzoge von Richelieu
und dem Herzoge von Cumberland; 1800 die Convention von
El Arisch in Egypten zwischen Franzosen und Engländern;
die Convention von Dresden 1813 zwischen dem österreichischen Feldzeugmeister Grafen Klenau und dem französischen
Marschall St. Cyr.

Als Befestigungsmittel der Erfüllung von Kriegscon-
ventionen dienen die gewöhnlichen Sicherstellungsarten der
Verträge: Geisel, Faustpfänder, Einräumung fester Plätze u. s. w.

II. Hauptstück.

Von der Neutralität.

§. 50.

Rechte und Pflichten der Neutralen.

Neutral im Kriege (a neutra parte, medius in bello) ist
der Staat, der an den Feindseligkeiten der Kriegführenden
keinen Antheil nimmt. Die Neutralität ist entweder eine frei-
willige, natürliche, die jeder Staat, der nicht durch Vertrag
(Allianzen, Bündnisse) oder als Mitglied einer Staatenföderation,
einer Realunion, zur Betheiligung an der Kriegführung verpflichtet ist, geniesst; oder eine vertragsmässige (obliga-
torische, garantirte), zu welcher sich ein Staat verpflichtet,
oder die ihm vertragsmässig zugesichert wird. Die Schweiz,
Belgien, Luxemburg, die jonischen Inseln, von 1815—1846
Krakau, die Donaufürstenthümer bieten praktische Beispiele.
Die vertragsmässige Neutralität der Schweiz erstreckt sich
sogar, um vollständig zu sein, den Genfer See zu decken,
auch auf Nordsavoyen, wurde auch, als ein auf dem Boden
ruhendes, dingliches Recht, trotz der Vereinigung von Savoyen

mit Frankreich (1860), in dieser Ausdehnung im Kriege 1870
bis 1871 respectirt.

Die Neutralität kann auch von den Kriegführenden selbst,
ausdrücklich oder stillschweigend, gewissen Oertlichkeiten gewährt, d. h. der Kriegsschauplatz thatsächlich verkleinert, der
Krieg localisirt werden, oder bestimmten Gegenständen,
z. B. den oben erwähnten, zum Lebensunterhalt der Küsten-
bevölkerung unentbehrlichen Fischergeräthen ertheilt werden.
Sie kann, wie es durch die ebenfalls schon erörterte Genfer
Convention geschah, in beidertheiligem und allgemeinem huma-
nitärem Interesse über Spitäler, Kranke, Verwundete ihre
schützenden Hände ausstrecken. Sogar Meere kann man für
alle Folgezeit für Kriegsschiffe schliessen, sie neutralisiren,
wie der neue Kunstausdruck lautet. So wollte es der Pariser
Congress 1856 mit dem schwarzen Meere thun, legte deshalb
Russland eine Servitut, eine Beschränkung in der Zahl seiner
Kriegsschiffe auf, bis es anno 1870 diese demüthigende Bürde
abwarf.

Hier aber ist nur von neutralen Staaten als solchen
und ihrem Verhalten im Kriege die Rede.

Man spricht auch von einer vollkommenen Neutralität, die in gänzlicher Theilnahmslosigkeit am Kriege besteht,
und von einer unvollkommenen, beschränkten, die darin
bestehen soll, dass, wenn man sich bereits vor Ausbruch des
Krieges zur Leistung einer quantitativ und qualitativ bestimmten, partiellen Kriegshülfe, z. B. eines Truppencorps von
10.000 Mann verpflichtet hat, oder sich selbst während des
Krieges, jedoch nur zur Vertheidigung gegen fremden Angriff
mit einem Staate verbündet, der betreffende Staat dennoch
als neutral anzusehen und zu behandeln sei. Dagegen muss
bemerkt werden, dass wer unserem Feinde was immer für
eine Hülfe leistet, seine Widerstandsfähigkeit vergrössert, somit
uns feindlich gegenübertritt, daher es nur von unserer Convenienz, von Rücksichten der Klugheit, nicht von unserer
Verpflichtung abhängt, ihn als Neutralen zu behandeln. Berechtigt sind wir zweifellos zum Gegentheile, können daher
den Krieg ohne weiters auf sein Gebiet übertragen. Auch der
Umstand, dass ein Staat beiden Kriegführenden gleiche Ver-
günstigungen einräumt, z. B. in seinem Gebiete Truppen zu

werben, Kriegsschiffe auszurüsten, durch dies Gebiet zu
marschiren, ist mit dem strengen Begriffe der Neutralität
nicht vereinbar, denn es sind dies kriegerische Vorbereitungen
oder Acte, die als solche, und weil sie es sind, auf neutralem
Gebiete unzulässig sind, und ferner die angebliche Gleichheit
es nur scheinbar ist, da im concreten Falle doch immer nur
ein Theil davon Gebrauch machen oder den grösseren Vortheil ziehen kann.

Unter bewaffneter Neutralität versteht man das
Recht und Bestreben eines Staates oder mehrerer vereinigter
Staaten, die Rechte der Neutralität gegen Uebergriffe und
Behelligungen durch die Kriegführenden erforderlichen Falles
mit Waffengewalt aufrecht zu erhalten. Der Name rührt von
den beiden bewaffneten Neutralitäten her, welche 1780 und 1800
von den Uferstaaten der Ostsee, Russland an der Spitze, mit
mehreren anderen Staaten (Oesterreich, Neapel, Portugal u. s. w.)
gegen die Plackereien und Belästigungen des neutralen Seehandels
durch die Kriegführenden geschlossen wurden.

Die Bedingungen, unter welchen ein Staat auf Achtung
seiner Neutralität Anspruch machen kann, sind: Nichtgestattung feindseliger Handlungen auf neutralem Gebiete; zweitens
Unterlassung der Begünstigung eines der streitenden Theile
zum Behufe der Verstärkung seiner Vertheidigungs- und An-
griffsmittel.

Der ersten Bedingung entsprechend, darf der Neutrale
nicht gestatten, dass ein Kriegführender gegen den andern auf
dem neutralen Gebiete irgend einen directen Act der Feindseligkeit vornehme oder fortsetze. Vermag er es nicht zu hindern, so muss er es wenigstens missbilligen, die etwa auf seinem
Gebiete gemachte Beute dem Eigenthümer zurückstellen. Eine
Prisengerichtsbarkeit kann auf neutralem Gebiete keine Kriegs-
partei ausüben, wohl aber der Neutrale selbst, wie wir oben
erwähnten, wenn die Prise in seinem Seegebiete, daher widerrechtlich gemacht wurde.

Nach der zweiten Regel darf der neutrale Staat einer
kriegführenden Partei weder Truppen, noch Schiffe, noch Geld-
mittel zur Verfügung stellen, auch keine Waffenplätze oder
Schiffsstationen für feindliche Unternehmungen einräumen. Für
erlaubt hielt man ehedem die Vermiethung — Seelenverkäuferei

— von Truppen an einen kriegführenden Theil, selbst ohne
dem Kriege vorausgehenden Allianzvertrag. Die Hessen in
Nordamerika während des Unabhängigkeitskrieges. Solche die
Menschheit entehrende Verträge machen die heutigen, constitutionellen Verfassungen unmöglich. Auch wäre keine Kriegs-
partei gebunden, gegen einen solchen Truppenlieferanten anders
als nach ihrem eigenen politischen Interesse zu handeln.

Die Capitulationen der Schweizer Cantone mit Frankreich,
Spanien, dem Kirchenstaate, Neapel hielt man sonderbarer
Weise trotz der seit 1648 anerkannten Neutralität der Eidgenossenschaft für zulässig. Die Verfassung vom 12. September 1848 erklärt für alle Folgezeit: Es dürfen keine Militärcapitulationen mit auswärtigen Staaten abgeschlossen werden.
Das Reislaufen der Schweizer, ihr seit Jahrhunderten unaus-
rottbarer, mit der steigenden Bevölkerung stets zunehmender
Drang, in fremde Kriegsdienste zu treten, sucht und findet
auch ohne Militärcapitulationen seine Befriedigung. Für Handlungen der einzelnen Unterthanen ist der Staat nicht verantwortlich. Auch ist der Neutrale nicht verpflichtet, noch
braucht er den Handel, selbst mit Gegenständen der Kriegführung, Waffen, Munition, Kriegsschiffen, wir sagen den
Handel als solchen, ohne Absicht der Kriegshülfe
seinen Unterthanen zu untersagen, zumal, wenn der Kriegführende solche Gegenstände im neutralen Gebiete selbst
ankauft.

Noch mehr, selbst die Zufuhr solcher Objecte durch
den Unterthan des neutralen Staates macht diesen nicht verantwortlich, wohl aber jenen, der den Handel und dessen
Folgen riskirt. Denn ihn, den Unterthan, kann der Feind auf-
greifen, nach Kriegsrecht als seinen Feind oder Unterstützer
seines Gegners behandeln. Wohl aber ist der neutrale Staat
berechtigt, seinen Unterthanen den Handel mit einem oder
auch allen Kriegführenden überhaupt oder einen bestimmten
Handel zu untersagen, wenn es die Staatsraison so erheischt.
Er ist aber ebenso verpflichtet, Werbungen für Kriegführende, massenhafte Anhäufungen von solchen Angewor-
benen, von Prisen, Errichtungen von Waffenmagazinen u. s. w.
für Kriegführende auf neutralem Gebiete zu untersagen, ebenso
Ausrüstung von Kriegsschiffen für Kriegführende, nicht minder

das Auslaufen von Schiffen mit solcher Bestimmung, wenngleich Armirung, Bemannung, vollständige Ausrüstung erst in
hoher See oder fremdem Gebiete erfolgen soll. Dass der neutrale Staat selbst keine Lieferungen besagter Art machen darf,
versteht sich von selbst, weil er sonst eben aufhört neutral
zu sein. Ein diesbezügliches Gesetz erliess die nordamerikanische Legislatur schon 1794, revidirt 1818. Darin wird es
für ein Vergehen erklärt, innerhalb der Jurisdiction der Vereinigten Staaten ein Schiff auszurüsten für eine fremde Macht,
die mit einer andern Nation Krieg führt, mit welcher die
Vereinigten Staaten in Frieden leben; oder eine militärische
Expedition nach dem Gebiete einer solchen Nation vorzube-
reiten, zu diesem Zwecke Landtruppen oder Matrosen zu
werben oder an einer Kaperunternehmung Theil zu nehmen.

Das Schiff wird in einem solchen Falle confiscabel, und
der Präsident der Vereinigten Staaten ist ermächtigt, ein Schiff,
das nach dem Völkerrechte oder den Verträgen nicht berechtigt ist, im Gebiete der Vereinigten Staaten zu weilen, aus
deren Gebiete mit Anwendung der Gewalt zu entfernen.

Das Beispiel Nordamerika's fand bald darauf (1819) Nachahmung in der berühmten, sogenannten **foreign enlistement
bill, (acte d'enrôlement étranger)**, d. i. „einer Acte zur Verhinderung der Anwerbung oder Aufforderung von britischen
Unterthanen für fremde Dienste, dann die Ausrüstung und
Bemannung von Schiffen zu einem Kriegszwecke ohne Erlaubniss Sr. Majestät“. Auch wenn solche Acte für „mit der
Regierungsgewalt bekleidete Colonien oder Provinzen“ unter-
nommen werden, sind sie als strafbar erklärt.

Als nun in Folge des nordamerikanischen Bürgerkrieges
die von dem in England ausgerüsteten südstaatlichen Kaper-
schiffe Alabama, so benannte Alabama-Frage zwischen den Vereinigten Staaten und England gefahrdrohend auftauchte, wurde
im letzteren Staate am 3. August 1870 eine neue, ergänzende
Acte erlassen, welche verbietet, 1. den Bau, den Verkauf,
die Bewaffnung oder Ausrüstung von Schiffen, die bestimmt
sind, feindlich gegen einen der kriegführenden Theile zu handeln oder in deren Dienste zu treten; 2. Kaper auszurüsten
oder Kaperbriefe anzunehmen; 3. in englischen Häfen gekaperte
Schiffe zu verkaufen; 4. in fremde Land- oder Seedienste

einzutreten, 5. Lebensmittel, Steinkohlen, Munition für Flotten
oder Kriegsschiffe der Kriegführenden direct zu liefern; Fa-
brication und Transport von Waffen und Munition für die
Kriegführenden ist frei, geschieht jedoch auf die Gefahr der
Betreffenden.

Als endlich behufs Bestimmung der Entschädigungsan-
sprüche der Vereinigten Staaten für Verheerungen durch die
in englischen Häfen gebauten oder ausgerüsteten südstaatlichen
Kaper von den beiden Staaten auf den Ausspruch eines
Schiedsgeriehtes compromittirt wurde, kamen dieselben früher
überein, als Grundlage die sogenannten drei Regeln von
Washington (Vertrag vom 8. Mai 1871) festzustellen, obgleich
England hinzufügte, dass diese Regeln zur Zeit noch nicht allgemein völkerrechtlich anerkannt waren:

Die neutrale Regierung ist verpflichtet: 1. alle Sorgfalt
anzuwenden, um im Bereiche ihrer Jurisdiction die Ausrüstung
oder Bewaffnung eines jeden Schiffes zu verhindern, von
welchem mit Grund anzunehmen ist, dass es bestimmt sei,
gegen eine Macht zu kreuzen oder feindlich zu operiren, mit
welcher dieselbe sich in Frieden befindet; und dieselbe Sorgfalt anzuwenden, um zu verhindern, dass irgend ein Schiff aus
seiner Jurisdiction sich entferne, welches zum Kreuzen oder
zu feindseligen Operationen bestimmt ist;

2. keinen der Kriegführenden zu gestatten, aus ihren
Häfen oder Gewässern die Basis militärischer Operationen zu
machen, noch sich deren zur Vermehrung oder Erneuerung
militärischer Approvisionirungen oder Rüstungen oder zur Re-
crutirung von Mannschaften zu bedienen;

3. alle nöthige Sorgfalt (due diligence) in ihren Häfen
und Gewässern in Beziehung auf alle Personen in ihrer Jurisdiction anzuwenden, um jede Verletzung der oberwähnten
Verbindlichkeiten und Pflichten zu verhindern.

Im Sommer 1872 versammelte sich das Schiedsgericht
in Genf, und nachdem es die von Nordamerika sogar auf Ersatz der indirecten, unberechenbaren Schäden als übertrieben
und ungegründet zurückgewiesen hatte, fällte es am 15. September 1872 das Urtheil, wodurch England verurtheilt wurde,
an die Vereinigten Staaten eine Summe von 15,500.000 Dollars
in Gold zu zahlen. Es ist diese Entscheidung, die einem furcht-

baren Kriege vorbeugte, ein hochwichtiges Präcedenz für die
Zukunft. Die Sorgfalt des Neutralen betreffend, erklärte das
Schiedsgericht, sie müsse im Verhältnisse zu den Gefahren
stehen, welche einem der Kriegführenden in Folge der Ver-
nachlässigung der Neutralitätspflichten bedrohen.

§. 50 (a).

Fortsetzung der Lehre von den Rechten und Pflichten der Neutralen.

Den Rechten der Neutralen stehen Pflichten der Kriegführenden gegenüber, welche jene Rechte respectiren müssen,
und die Pflichten der Neutralen correspondiren den Anforderungen, welche die Kriegführenden an sie zu stellen berechtigt
sind. Als Corrolarien der im vorhergehenden Paragraphen auf-
gestellten Sätze mögen nachfolgende Bemerkungen dienen.
Darleihen zu offenbaren Kriegszwecken dürfen neutrale Staaten nicht machen. Zu Kriegsanlehen, die in
neutralem Lande nicht aufgelegt werden sollen, dürfen auch
neutrale Unterthanen unseres Erachtens mit Wissen ihrer Regierung nicht contribuiren. Ein anderes ist es, wenn Waffen-
fabrikanten oder Schiffsbauer animo commerciandi, mit vollkommener Gleichgültigkeit gegen die Person oder Nationalität
des Käufers, sie nicht kennend, zu kennen nicht verpflichtet,
im eigenen Lande ihre Waare an Mann bringen. Wie so
häufig gilt auch hier das: Qui bene distinguit bene docet.
Hingegen können Collecten der Neutralen für Verwundete, wäre es auch nur die einer Partei, nie und nirgends
untersagt werden. Denn die Menschlichkeit schützt wie das
Genfer Kreuz, ihr Symbol, auch Verwundete beider Parteien
ohne Unterscheidung auch unter demselben Dache.
Flüchtige Soldaten oder Corps kann der Neutrale
aufnehmen, aber als Einzelne, nicht als tactische Verbände.
Er muss sie entwaffnen und von den Grenzen entfernen, inter-
niren. Waffen, Cassen, Munitionen u. s. w. kann man jure
retentionis zur Bestreitung der Erhaltungskosten zurückbe-
halten. Ansammlung der Flüchtlinge, Organisirung derselben
zum Kampfe ist nicht gestattet. Sie sind keine Kriegsgefan-

genen; um dem Lose der Kriegsgefangenschaft zu entgehen, haben sie sich in den Schutz des Neutralen begeben. Aber sie dürfen das Territorium des Neutralen nicht zur Basis neuer Operationen machen, ja, so lange der Kampf dauert, in ihr Vaterland oder zu den Ihrigen auf dem Kriegsschauplatze nicht wiederkehren. Auch Verwundete bleiben im neutralen Lande bis zur Beendigung des Krieges, es wäre denn, sie wären verstümmelt, oder ihre Heilung eine langwierige, oder es fände ein Austausch gegen Soldaten des Gegners statt. Die Internirung ist also nothwendig, weil sonst das Refugium nur ein Durchzug, wenn auch ohne Waffen wäre. Zieht eine Eisenbahn zwischen zwei Endpunkten über neutrales und feindliches Gebiet, so können einzelne Unbewaffnete, z. B. Recruten, zu den Ihrigen durchziehen; massenhaft wäre es nicht zulässig. Zahl und Umstände sind hier wesentliche Momente. Auch Kriegsgefangene dürfen über neutrales Gebiet nicht befördert werden.

Kriegsschiffe dürfen nach heutigem Völkerrechte längs der neutralen Küste fahren, natürlich aber keinen feindlichen Act im neutralen Seegebiete vornehmen. Kein Gefecht, keine Wegnahme von Schiffen kann daselbst stattfinden, selbst nicht im Verfolge einer begonnenen Action, dum fervet actio, wie Byrkershook sagt. Freilich sind die Grenzen hier oft, zumal in der Hitze der Action, nicht wahrnehmbar. Dann ist auch keine culpa vorhanden.

Im neutralen Seegebiete gemachte Capturen müssen herausgegeben werden. Dem Neutralen aber steht es frei, feindliche Kriegsschiffe und Capturen zuzulassen oder zurückzuweisen, letzteres immer mit Ausnahme des Nothfalles, den ja selbst der Feind dem Feinde gegenüber in solcher Drangsal respectirt. Die Zulassung in neutrale Häfen wird gewöhnlich an Bedingungen geknüpft, als da sind: eine bestimmte, nicht zu grosse Zahl, eine bestimmte Zeitdauer, das Verbot, wenn Schiffe des Gegners signalisirt werden, ihnen entgegen zu fahren, oder bei gleichzeitig im neutralen Hafen ankernden Schiffen beider Kriegführenden, das Verbot, vor Ablauf von vier und zwanzig Stunden nach einander auszulaufen. Während des Aufenthaltes im neutralen Hafen dürfen keine Verstärkungen herangezogen, keine Matrosen angeworben werden. Vor Allem

dürften keine feindseligen Acte gegen Schiffe des Gegners
begangen werden, die sich in demselben Hafen befinden.

Darf der Neutrale Beute kaufen oder ihren Verkauf
bei sich gestatten? Gewiss keines von beiden, wenn die Beute
in seinem Gebiete, daher ungültig gemacht ist. Ist ein feindliches Schiff condemnirt, dann kann es Jedermann licitando
ersteigern, also auch der Neutrale, da selbst ein Landsmann
des Condemnirten aus dem öffentlich rechtlichen Titel der
Sentenz eines Prisengerichtes Privateigenthum auf diesem Wege
erwerben kann. Die Nichtgestattung des Verkaufes
seitens des Neutralen versteht sich unseres Erachtens nicht,
ist facultativ, kann daher nur in Folge eines Vertrages obligatorisch sein.

Ein förmliches Depot von Prisenobjecten im neutralen
Gebiete errichten, wäre abermals, wenn mit Wissen des Souveräns errichtet, gegen die Pflichten der Neutralität. Auch in
Beziehung auf Pflichtenübung giebt es ein Mass des Zuviel
und Zuwenig, so zu sagen eine aequitas gegenüber von der
stricten, minimalen Verpflichtung. Est modus in rebus. Massenhafte Anhäufung von Prisen im neutralen Gebiete, als einem
grossen Markte für dieselben, ist, wenn auch nicht im strengsten, buchstäblichen Sinne, so doch in dem der Billigkeit, der
Wirkung nach, die Unterstützung eines Kriegführenden. Gefangene auf Prisen, die in neutralen Häfen einlaufen, werden frei. Auf neutralem Gebiete giebt es keine Kriegsgefangenen, weder continentale, noch maritime.

Wenn wir übrigens oben vom erlaubten Ankaufe der
Beute sprachen, so versteht es sich von selbst, dass wir vor-
aussetzen: 1. es sei nur von Beute, d. h. von beweglichen
Gegenständen die Rede, 2. diese Beute sei bereits nach völker-
rechtlichen, oben in der Lehre von der Beute erörterten
Grundsätzen in das Eigenthumsrecht des Beutemachenden
übergangen. Im gegentheiligen Falle kann ein Ankauf der
Beute ebensowenig rechtmässig geschehen, als der Ankauf von
Territorialeroberungen vor dem Frieden.

Anderseits ist auch den Kriegführenden nicht gestattet,
auf neutralem Gebiete Acte hostiler Natur vorzunehmen, ebensowenig neutrales Gut im Territorium eines Kriegführenden,
d. i. eines Freundes des Neutralen, aufzugreifen. Selbst das

angebliche Recht eines Nothembargo auf neutrale Schiffe, um sie etwa zum Truppentransporte zu verwenden, oder deren Inhalt, Getreide u. s. w. zur Nährung der Soldaten zu verwenden, ist unhaltbar. Denn es giebt kein Recht gegen das Recht, und eine Expropriation brauchte sich nur der Unterthan, höchstens und nur bezüglich unbeweglichen Gutes der Forense gefallen zu lassen. Eine etwaige Entschädigung, die obendrein sich nie auf das lucrum cessans, den entgangenen Gewinn, erstrecken, nur den eigentlichen, positiv erweislichen Schaden, das damnum emergens, ersetzen könnte, hebt das Unrecht der Vergewaltigung nicht auf.

§. 51.

Handel der Neutralen, insbesondere zur See, und dessen Beschränkungen.

Frei im Grundsatze ist der Handel der Neutralen unter einander, frei auch mit den Kriegführenden, und dürfen neutrale Schiffe unbehindert nach deren Küsten und Häfen fahren. Untersagt ist ihnen nur vom Standpunkte des Völkerrechtes der Handel mit Kriegscontrebande, d. h. nur bezüglich der unter diesen Begriff fallenden Gegenstände, zweitens, ohne Unterscheidung der Handelsobjecte, jeder Handel nach blokirten Plätzen.

Kriegscontrebande (contra bannum) nennt man jene Gegenstände, welche direct, unmittelbar, wie Waffen, Munition u. s. w., zur Kriegführung verwendet werden können. Auch Steinkohlen, Schiessbaumwolle, Salpeter und Schwefel, Schiffs-Dampfmaschinen im Ganzen oder in Bestandtheile zerlegt, Pferde, Maulthiere, Uniformen, werden zur directen, d. h. eigentlichen Kriegscontrebande gerechnet. Der Handel mit der sogenannten indirecten Contrebande, d. h. mit Objecten, welche, wie rohes Eisen, Schiffsbauholz und andere Stoffe, erst zu Kriegszwecken, um ihnen zu dienen, verarbeitet oder umgestaltet werden müssen, ist nicht verboten, ebensowenig als der mit der sogenannten zufälligen Contrebande (cotrebande accidentelle), d. h. mit Gegenständen, die, ohne unmittelbar zur Vertheidigung oder zum Angriffe zu dienen, den

Kriegführenden, wie Getreide und Geld, unentbehrlich sind. Wenn Getreide einem bestimmten Platze nicht zugeführt werden darf, so kann es verhindert werden, wenn und insofern dieser Platz blokirt ist, aber nur deshalb, weil mit einem solchen Platze gar kein Handel, auch nicht der mit Getreide betrieben werden darf.

Blokirte Plätze sind aber solche, die von der Landseite so beherrscht, oder von der Seeseite durch eine genügende Zahl von festliegenden und hinreichend nahen Schiffen (vaisseaux stationnés et assez proches) dergestalt eingeschlossen sind, dass das Ein- oder Auslaufen mit Gefahr verbunden ist. Die Blokade eines Platzes muss den Neutralen gehörig kundgemacht werden, und beginnt das Recht, blokadebrüchige, neutrale Schiffe anzuhalten, und ohne Rücksicht auf ihre Ladung zu confisciren, erst vom Zeitpunkte der Notification. Aber die blosse diplomatische, allgemeine Notification ist hier nicht genügend, sondern es muss die Thatsache der Blokade jedem einzelnen sich nähernden neutralen Schiffe von dem Commandanten des Blokadegeschwaders oder unter dessen Autorität speciell intimirt und diese Intimation in das Schiffsjournal eingetragen werden. Nur eine wirkliche, effective Blokade bestimmter, namentlich bezeichneter Plätze oder Küstentheile braucht von den Neutralen beachtet zu werden, keine Blokade auf dem Papier (blocus sur papier), keine Blokade ganzer Küstenstrecken oder Länder, die mit den grössten Flotten nicht eingeschlossen werden können. Sobald die Blokade factisch aufhört, der Grund mag wie immer beschaffen sein, mag das Blokadegeschwader durch Sturm, durch Feindesgewalt genöthigt, oder wegen geänderter Absicht die Blokade aufgeben, kann jeder Neutrale, und abgesehen von Contrebande, mit was immer für Waaren in den nicht mehr blokirten Platz einfahren. Die Prätension der Engländer ging fast so weit, jedes Schiff, das vor Widerruf der diplomatischen Notification, wenn gleich die Blokade effectiv nicht mehr bestand, aber in Unkenntniss dieses Umstandes in der Richtung nach dem früher blokirten Platze segelnd, getroffen wurde, zu confisciren.

Um sich zu überzeugen, dass neutrale Schiffe keine Contrebande am Bord führen, üben die Kriegführenden das

Recht der Visite. Ist das neutrale Handelsschiff oder mehrere Schiffe von einem Kriegsschiffe begleitet (convoyirt), so genügt die auf Ehrenwort, d. i. nach seinem besten Wissen und Gewissen gegebene Versicherung des Convoi-Commandanten, dass jene keine Contrebande führen. Sind sie nicht convoyirt, so schickt der begegnende Kreuzer oder Kaper, nach erlassener Aufforderung (semonce, coup de semonce) beizulegen, sich zu nähern, eine Chaluppe mit einigen Mann an Bord, die Schiffspapiere (papiers de bord) zu untersuchen. Die wichtigsten Schiffspapiere sind: die Equipagenrolle oder das Verzeichniss der Schiffsmannschaft (rôle d'équipage); der Bielbrief über Erbauung des Schiffes, sonstige Urkunden zum Erweis des erlangten Eigenthums; Conossemente und Charte partie oder Fracht- und Ladebriefe; endlich die behördliche Bestätigung aller dieser Daten und Papiere. Aus den Schiffspapieren muss die Nationalität des Schiffes und seiner Mannschaft, die Beschaffenheit und Bestimmung seiner Ladung entnommen werden können.

Werden die Papiere in Ordnung, keine Kriegscontrebande am Borde gefunden, dann darf das Schiff weiter segeln. Im gegentheiligen Falle, oder das Schiff entfliehen will, wenn die Papiere in's Meer geworfen werden, wenn doppelte Papiere am Bord sind, ist die eigentliche Durchsuchung (recherches right of search) der einzelnen Behältnisse, Waarenballen u. s. w. vorzunehmen. Findet man Contrebande vor, so wird sie entweder auf's Schiff des Aufgreifers geladen, dem Neutralen die Weiterfahrt gestattet, oder wenn es ausschliesslich oder zum grössten Theile mit Contrebande beladen ist, diese mit dem Schiffe in einen Hafen des Kriegführenden vor das Prisengericht gebracht. Dieses untersucht die Thatsache, vernimmt die Zeugen vom Schiffsvolke, prüft die Documente und fällt die Entscheidung. Wird das neutrale Schiff losgesprochen, so zahlt der Aufgreifer, beziehungsweise der Staat, der für ihn einstehen muss, die Processkosten, und obendrein, wenn durch Gewaltanwendung Schaden verursacht worden, den Ersatz desselben. Wird das Schiff verurtheilt, so trägt sein Eigenthümer die Kosten; wird es nur theilweise verurtheilt, dann tragen Captor und Neutraler die auf sie entfallenden Kosten, die Kosten werden ausgeglichen. Wer erst später Beweise bei-

bringt, die zur Zeit der Captur nicht am Bord waren, zahlt,
selbst wenn er in Folge dieser noviter reperta et allegata frei-
gesprochen wird, sämmtliche Kosten, weil dem Aufgreifer nichts
zur Last fällt, und die Captur, beim rechtzeitigen Vorhanden-
sein dieser Documente am Borde, nicht stattgefunden hätte.

Die grosse Streitfrage, ob Feindesgut am Bord neutraler
Schiffe frei sei, ob die Flagge die Waare deckt (le pavillon
couvre la cargaison), ist im Gegensatze zur Seegesetzgebung
des Mittelalters (dem Consolato del mare, einer Sammlung von
Seegewohnheiten des mittelländischen Meeres von grosser Be-
rühmtheit und praktischer Bedeutung), im Gegensatze zu der
steten Uebung des seemächtigen, seebeherrschenden England,
von den Neutralen heutzutage auf das bestimmteste zu Gunsten
der neutralen Flagge entschieden. Dagegen verfällt dem Feinde
keineswegs am Bord seines Gegners befindliches neutrales
Gut. Man kann nicht etwa so raisonniren: Da die neutrale
Flagge Feindesgut deckt, so gilt im entgegengesetzte Falle
das Entgegengesetzte. Denn das neutrale Gut ist als solches
überall, wo immer es sich befindet, frei, natürlich abgesehen
von der Contrebande. Im Mittelalter entschied die Qualität
der Waare, jetzt die Qualität des Neutralen, daher 1. der
neutralen Flagge, 2. der neutralen Waare. Diese Qualität
schirmt dort Feindesgut am neutralen, hier neutrales Gut am
feindlichen Borde.

So weit gingen in Uebermacht und Uebermuth die Engländer, dass sie beim Beginn des siebenjährigen Krieges die
sogenannte Kriegsregel vom Jahre 1756 aufstellten, der zufolge
die Neutralen den ihnen in Friedenszeit gewöhnlich untersagten
Handel, von Küstenplatz zu Küstenplatz oder mit Colonien
fremder Staaten, auch im Kriege nicht treiben sollten. Der
Handel Frankreichs, insbesondere der sonst dem Mutterlande
monopolistisch vorbehaltene Handel mit den Colonien, musste
sich, von dem britischen Dreizack allenthalben verfolgt und
gestört, unter den Schutz der Neutralen begeben. Dänen,
Schweden und andere Neutrale brachten den Franzosen Colo-
nialwaaren aus Westindien, Schiffsbauholz aus der Ostsee u. s. w.
Dies der Schlüssel zur Erklärung der völkerrechtlich ganz unhaltbaren Kriegsregel von 1756.

Erst allmälig gelangten die Grundsätze der Neutralen zu grösserer Anerkennung. Ihren vollen Ausdruck fanden sie in den beiden, von Russland inaugurirten, bewaffneten Neutralitäten von 1780 und 1800. Nach dem plötzlichen Tode Paul I., der, England feindlich, sich nach dem Vorgange seiner Mutter Katharina II. (welche es gar nicht war, sogar England nach Wunsch zu handeln glaubte) an die Spitze der Neutralen gestellt hatte, wussten zwar die Engländer von seinem Nachfolger, Alexander I., in der Petersburger Seeconvention vom 17. Juni 1801 wesentliche Concessionen zu erlangen, vorzüglich Aufgeben des Grundsatzes, dass die Flagge die Waare decke, dann die nicht minder wichtige Concession, dass auch mit nicht fest stationirten, nur kreuzenden Schiffen das Blokaderecht geübt werden könne. Aber schon 1807 erklärte Alexander I., jetzt Freund und Bundesgenosse Napoleon I., die Seeconvention für aufgelöst, die Grundsätze der bewaffneten Neutralität allein und für immer gültig. Um dieselbe Zeit schuf Napoleon, die Engländer im Nerv ihrer Macht, in Handel und Industrie anzugreifen, ihnen den Absatz nach dem unter seinem Machtgebote stehenden Europa abzuschneiden, sein System der Continentalsperre. Durch die Decrete von Berlin und Mailand (1806, 1807) erklärte er die englischen Inseln in Blokadestand, jeden Handel mit England oder dessen Erzeugnissen für verboten. Jedes sich englischer Visitation unterwerfende in England nur anlegende Schiff werde dadurch entnationalisirt und confiscabel.

Dennoch sahen sich beide Mächte, Frankreich und England, genöthigt, ausnahmsweise, mit specieller Erlaubniss, gegen sogenannte Licenzen, welche den eigenen Unterthanen ertheilt wurden, einen bestimmten, dem Lande unentbehrlichen Handel zu gestatten; so England im Nothjahre 1809 die Einfuhr fremden Getreides, Frankreich, das zugleich die Licenzen als Finanzquelle gegen hohe Gebühren verkaufte, die Ausfuhr seiner Fabrikate, Weine, Oele u. s. w. Dem zur See dennoch fast ohnmächtigen Wüthen Napoleons, den Gewaltmassregeln desselben gegen auf dem Continente befindliche Personen und Güter der Engländer, setzten diese noch weit wirksamere Massnahmen gegen Frankreich und dessen Verbündete entgegen. Ein grosses Resultat erreichte Napoleon I. dadurch, dass die

Nordamerikaner in Folge der Zwangsdecrete der Engländer,
die auch den Handel der Vereinigten Staaten empfindlich
trafen, England den Krieg erklärten, der von jenen ruhmvoll
geführt, erst 1814 im Frieden von Gent beendigt wurde. Inzwischen war Napoleon gestürzt, mit ihm die Continentalsperre. Ihre Wirkung blieb, zumeist die Anregung zu den
grossen Industrien auf dem Continente. Auch die Grundsätze
der Neutralen wurden immer wirksamer, selbst die britische
Praxis mildernd.

Feierlichen Ausdruck erhielten diese Grundsätze in der
Erklärung vom 16. April 1856, abgegeben von den Mächten,
welche den Pariser Vertrag vom 30. März 1856 unterzeichnet
hatten.

1. Die Kaperei ist und bleibt aufgehoben.

2. Die neutrale Flagge deckt feindliches Gut, mit Ausnahme der Kriegscontrebande.

3. Neutrale Waare kann, mit Ausnahme der Kriegscontrebande, auf feindlichem Schiffe nicht aufgegriffen werden.

4. Um verbindlich zu sein, muss die Blokade effectiv
sein, d. h. durch eine Macht aufrecht erhalten werden, welche
den Zutritt zur feindlichen Küste in Wirklichkeit verhindern kann.

Allerdings lässt diese Erklärung der Seerechte manches zu
wünschen übrig. Von der speciellen Intimation der Blokade,
von convoyirten Schiffen, von Stationirung und Nähe der
Blokadeschiffe, von Prisengerichten und der Art ihrer Judicatur ist kein sterbend Wörtchen erwähnt. Indessen freuen
wir uns des Erreichten, zumal England, wenn auch mit sauer-
süsser Miene beipflichtete. Die Hauptsache aber, nicht oft
genug kann es wiederholt werden, ist und bleibt das Postulat
der Zeit: Schonung feindlichen Eigenthums auch im Seekriege.

III. Hauptstück.

Ende des Krieges.

§. 52.

Postliminium. Friede.

Der Krieg erreicht sein Ende: 1. durch thatsächliche
allseitige Einstellung der Feindseligkeiten und Wiederherstellung
des früheren freundschaftlichen Verkehres; 2. durch unbedingte
Unterwerfung des im Kampfe unterliegenden Theiles; 3. durch
Abschluss eines förmlichen Friedens. Selten tritt wohl die
erste Art der Beendigung eines Krieges allein, ohne gleich-
zeitigen oder doch nachträglichen Frieden ein. Die Unterwerfung aber kann eine gänzliche Unterordnung des besiegten
Staates unter den siegenden, Einverleibung mit ungleichen
oder gleichen Rechten bis zur Realunion, wie die Schwedens
und Norwegens im Kieler Frieden 1814, oder in der Staatenföderation zur Folge haben, also in sehr verschiedenen Abstufungen und Graden stattfinden. So lange der Krieg nicht
beendet ist, was in der Regel feierlich und förmlich durch
Abschluss des Friedens geschieht, giebt die Besitznehmung
des feindlichen Gebietes nur das Recht der thatsächlichen Benützung der Hülfsquellen desselben, kein Eigenthumsrecht,
keine Souveränetät über den fremden Staat. Erst wenn der
Sieger die Absicht bleibenden Besitzes erklärt, und dieser Absicht gemäss auch die Regierung, nicht etwa provisorisch zu
Kriegszwecken, sondern wie ein Souverän ausübt, den Staat,
sei's für sich, getrennt, sei's einverleibt in seinen, regiert und
verwaltet, ihm Gesetze giebt, Steuern ausschreibt und Truppen
aushebt, erst dann fängt die eigentliche Zwischenherrschaft
(Usurpation) an. Wenn aber der legitime Sou   n durch die
Wechselfälle des Waffenglückes begünstigt, fr   oder später
wieder zum Besitze des Landes gelangt, w   Besitz und
Eigenthum, Besitz und Recht alsbald in seine   son wieder
vereinigt, und ist er nur jene Acte des Zwischenherrschers

anzuerkennen verpflichtet, welche in Gemässheit der Gesetze
und der Verfassung vorgenommen worden sind. Er kann z. B.
die alte Verfassung, die alten Gesetze, die der Usurpator aufgehoben, wieder einführen, aber er darf nicht annulliren, was
in Gemässheit von Gesetzen verordnet worden, oder als zum
Besten des Staates verfügt angesehen werden muss. Er kann
z. B. Domänenverkäufe, die der Usurpator angeordnet hat,
nicht widerrufen. Der Kaufschilling floss ja in die Staats-
säckel, wenigstens streitet die Vermuthung, eine praesumtio
juris et de jure dafür. Wollte man alle Acte der Zwischen-
regierung negiren, als nicht geschehen ansehen, dann käme
man zu der unhaltbaren Folgerung, dass auch privatrechtliche
Handlungen, Schenkungen, Verträge aller Art, die unter der
Herrschaft des vom Usurpator erlassenen Gesetzes geschlossen
wurden, ungültig, alle in dieser Zeit geborenen Kinder aus
Ehen, die nach dem Gesetzbuche des Usurpators eingegangen
waren, illegitim seien.

Der Staat, dessen legitimer Souverän vertrieben, ver-
drängt, zeitlich der Herrschaft verlustig ging, hat nicht aufgehört zu existiren. Selbst reale Staatslasten, die von dem
Zwischenherrscher, wie z. B. Servituten, dem Staate auferlegt
wurden, können ohne Zustimmung des berechtigten dritten
Staates nicht aufgehoben werden, sowie anderseits vertragsmässig vom Usurpator dem Staate erworbene Vortheile und
Rechte, dem letzteren bleiben. Der legitime Souverän kann,
wie aus dem Gesagten von selbst folgt, wenn er restaurirt
wird, wieder zur Regierung gelangt, Steuerrückstände aus der
Zeit der Zwischenherrschaft eintreiben, dagegen die während
der letzteren schon erhobenen Steuern nicht wieder einfordern.

Das Recht des legitimen Souveräns auf die zeitweilig
entzogene, durch Waffengewalt oder Aufgebung seitens des
Usurpators wieder erlangte Staatsgewalt, sowie überhaupt das
Recht, durch den Krieg verloren gegangene und wieder ge-
wonnene Sachen in's Eigenthum zurückzubringen, heisst das
Recht des Postliminiums.

Man zweifelt, ob ein Staat, der nicht durch eigene Kraft,
z. B. eine innere Erhebung, oder Verbannte, im Auslande
Lebende (die fuorusciti im Parteikampfe des alten Florenz),
sondern durch einen fremden, ihm etwa nicht verbündeten

Staat, vom fremden Joche befreit wird, auf das Postliminium, d. h. die Wiedereinsetzung in seine frühere Souveränetät Anspruch machen könne. Aber es hiesse ja ihn nicht befreien, wenn man ihm nicht seine frühere Selbstständigkeit geben, ihn nur unter neue Herrschaft bringen wollte. Hätte er sich dagegen dem Eroberer ohne weiteren Widerstand ergeben, sich ihm vollständig und unbedingt unterworfen, dann könne er sich nicht beklagen, wenn er als Unterthan des jetzt besiegten Eroberers behandelt würde.

Ein Postliminium der Personen giebt es bei uns nicht, wie bei den Alten, insbesondere den Römern. Von diesen rührt auch der Name Postliminium. Die Römer machten Kriegsgefangene zu Sklaven und anerkannten consequent, dass auch der in Kriegsgefangenschaft gefallene Römer Sklave wurde. Bei der Rückkehr aus derselben wurde er nach gesetzlicher Fiction — über die Schwelle des Vaterlandes, limen, tretend — neuerdings, gleichsam wieder auflebend, wieder ein freier Mann, erlangte von Neuem das Staatsbürgerthum. Nach heutigem Völkerrechte wird der Kriegsgefangene kein Sklave; er kann wie jeder Abwesende zur Besorgung seiner Angelegenheiten in der Heimath Bevollmächtigte ernennen, oder werden sie für ihn von den vaterländischen Behörden bestellt.

Unbewegliche Sachen, in der Regel und mit den allerseltensten Ausnahmen im Landkriege auch bewegliche Sachen der Privaten darf der Feind sich nicht aneignen. Thut er es gegen Völkerrecht, so kehrt dem Eigenthümer mit dem wiedererlangten Besitze auch das Recht des Eigenthumes in vollem Umfange zurück. Eine Ausnahme findet nur statt rücksichtlich der in's Eigenthum des Feindes übergangenen Beute, und im grössten Umfange bei Prisen im Seekriege.

Der Friedensschluss endlich, als regelmässige Art, den Krieg zu beenden, kommt in Folge von Friedensunterhandlungen, die entweder von den Kriegführenden selbst oder unter Vermittlung dritter Mächte gepflogen werden, zu Stande. Solidarisch und mit der Gesammtheit ihrer Streitkräfte zur Kriegführung verbündete Mächte können einzeln für sich keinen Separatfrieden schliessen, sondern sind gemeinschaftlich zu kämpfen oder gemeinschaftlich zu unterhandeln verpflichtet. Preussischer Separatfriede mit Frankreich, Basel 1795.

Präliminarien nennt man das vorläufige Uebereinkommen der Parteien zur Beilegung und Ausgleichung der
Hauptpunkte des Streites, deren Ausführung und Detail-
bestimmung dem Definitivfrieden überlassen wird. Der
Präliminarfriede ist nicht minder als der definitive verbindlich,
und hat zur unmittelbaren Folge das Aufhören aller Feindseligkeiten, welche in der Regel schon kraft des, den Präliminarien gewöhnlich vorhergehenden, allgemeinen Waffenstillstandes eingestellt werden. Prisen, welche in der Zwischenzeit
nach Unterzeichnung und vor allgemeinem Kundwerden des
Präliminar- oder Definitivfriedens, etwa in fernen Gegenden,
gemacht worden, sind ihren Eigenthümern herauszugeben.

Die Friedensunterhandlungen werden mündlich oder
schriftlich, bei grösserer Zahl der Betheiligten auf Congressen,
durch dazu bevollmächtigte Unterhändler gepflogen, worüber
ordnungsmässig ein Protokoll (procès verbal, protocole) geführt
wird. Die Friedensacte ist dann eigentlich ein Auszug, eine
Angabe der wesentlichen Bestimmungen der Friedensverhand-
lungen. Befindet sich der Congressort in feindlichem Gebiete
oder in dessen Nähe, so wird dieser Ort mit seiner Umgebung
für neutral erklärt. Der Vermittler (médiateur) hat den ersten
oder Ehrenplatz und alle schriftlichen Mittheilungen gehen
durch seine Hand.

Die Grundlage des Friedens ist entweder der Besitz
beider Theile vor dem Kriege (status quo ante bellum, le
statu-quo avant la guerre), oder der Besitzstand zur Zeit des
Abschlusses des Friedens (uti possidetis); in der Regel aber
keines von beiden, sondern eine neue Bestimmung dessen, was
jeder Theil erhalten, was er abtreten soll, ohne Rücksicht auf
den früheren oder jetzigen Besitzstand. Ist man einmal über
diese Grundlage einverstanden, dann unterhandelt man weiter
bis zur gegenseitigen Befriedigung und Ausgleichung aller
übrigen, minder wesentlichen Forderungen, wobei freilich stets
massgebend sein wird, wen die Erfolge des Krieges am meisten
begünstigt haben.

Die Form des Friedensdocumentes betreffend, beginnt es gewöhnlich mit der Anrufung der heiligen Dreifaltig-
keit. Zum ersten Male lautete sie im Jahre 1856: Im Namen
Gottes des Allmächtigen, als auch die Türkei in das auf-

genommen wurde, was man das europäische Concert zu
nennen beliebt. Die Urkunde des Friedens zerfällt, wie alle
Verträge, in Artikel, die entweder allgemeine oder besondere,
ostensible oder geheime sind, welche letztere die wichtigsten
politischen Bestimmungen für immer oder für eine gewisse
Zeit der Oeffentlichkeit entziehen. Die älteren Verträge, welche
im Frieden nicht ausdrücklich erneuert oder berufen werden,
sind als erloschen anzusehen, wenn sie mit den jüngeren im
Widerspruche stehen oder unvereinbar sind. **Separatartikel**
übrigens und dem Friedensdocumente angeschlossene **Nebenverträge** (Annexes) sind als integrirende Bestandtheile der
Friedensurkunde und so anzusehen, als ob sie wörtlich in
dieselbe aufgenommen worden wären. Dritte Mächte, besonders
solche, die als Hülfs- oder Nebenmächte am Kriege Theil genommen haben, werden in den Frieden mit aufgenommen
(compris); andere können ihm als Mitberechtigte oder Friedens-
garanten beitreten (accéder au traité). Der Beitritt wird durch
eine eigene Acceptationsurkunde erklärt.

Der Friede endet den Krieg und kann aus derselben
Veranlassung, welche den so beendeten Krieg herbeigeführt
hat, kein neuer Krieg erhoben werden, wohl aber, wenn dieselben Beschwerdegründe, welche ihn in's Leben riefen, wiederholt würden. Dann gäbe es eine neue Rechtskränkung, und mit
ihr einen neuen Grund zum Kriege. Man verzichtet im Frieden
auf die alten, durch ihn ausdrücklich beigelegten Ansprüche,
nicht aber auf diejenigen, welche im Frieden nicht berück-
sichtigt wurden. Nur ein allgemeiner Verzicht auf alle was
immer für Namen habende Ansprüche vermag jeden Anlass
zu neuer Fehde abzuschneiden. Diesen Verzicht nennt man
Amnestie (Vergessenheit, vom Griechischen), die Amnestie-
oder Vergessenheitsclausel, die von jener Amnestie zu unterscheiden ist, welche früheren oder neu erworbenen Staatsangehörigen ertheilt wird, die auf der entgegengesetzten Seite
sich unmittelbar oder mittelbar an den Feindseligkeiten betheiligten.

Der abgeschlossene Friede muss nach erfolgter Unterzeichnung und Auswechselung der Ratificationen getreu voll-
zogen werden. Die allgemeinen Grundsätze über Auslegung
und Sicherstellung der Verträge gelten auch von Friedens-

10*

verträgen. Zur Ausführung einzelner Bestimmungen des Friedens können nachträgliche Vereinbarungen erforderlich werden, z. B. bei Grenzregulirungen, Contributions-Liquidationen u. s. w., welche Arbeiten man eigens dazu ernannten Commissionen zu übertragen pflegt.

Neue Streitigkeiten ergeben sich öfters, wie die Geschichte zeigt, bei der Ausführung des Friedens, welche, wenn keine gütliche Verständigung erfolgt, neue Kriege erzeugen können. Gewöhnlich werden im Friedensdocumente selbst die Termine und die Art der Erfüllung des Friedens, z. B. Uebergabe von Territorien ohne weitere Veränderung, d. h. in der Beschaffenheit, die sie eben haben u. dgl. bestimmt, um solchen gefährlichen Zweifeln und Streitigkeiten vorzubeugen.

ANHANG.

Grundzüge des Gesandtschaftsrechtes.

§. 53.

Begriff des Gesandten und des Gesandtschaftsrechtes.

Gesandte, d. i. Personen, die als Bevollmächtigte eines Staates an den andern geschickt werden, sei's Geschäfte zu verhandeln, sei's völkerrechtlicher Courtoisie wegen, sind die vorzüglichsten Organe und Vermittler des Völkerrechtes. Der Inbegriff der diesbezüglich den Staaten zustehenden Rechte heisst Gesandtschaftsrecht. Seit dem Beginne des sechzehnten Jahrhundertes, mit den immer inniger werdenden Wechselbeziehungen aller gesitteten Staaten, sind die Gesandtschaften stehende, bleibende geworden, während sie im Alterthum wie im Mittelalter nur vorübergehend waren, mit Beendigung des ihnen anvertrauten Geschäftes auch ihr Ende nahmen.

Actives Gesandtschaftsrecht nennt man das Recht Gesandte zu schicken, passives das Recht sie zu empfangen. Nur der Souverän, der den Staat auch nach aussen repräsentirt und lenkt, hat das Recht Gesandte zu schicken und zu empfangen; in Republiken das zeitlich oder lebenslänglich gewählte Oberhaupt, der Chef der Executivgewalt. Nur souveräne, und zwar vollkommen souveräne Staaten oder Staatenföderationen können das active und passive Gesandtschaftsrecht üben; halbsouveräne, die dem Begriffe nach nur innere Souveränetät, keine im völkerrechtlichen Sinne besitzen, sowie Schutz- und Lehensstaaten nur mit Genehmigung des Schutz- oder Lehensherrn (Suzerän). Die Thatsache der grösseren oder geringeren

Abhängigkeit solcher halbsouveräner Staaten ist oft massgebend. So schicken die Donaufürstenthümer in neuester Zeit Agenten an mehrere europäische Staaten, die aber doch keinen definitiv festgestellten diplomatischen Charakter haben. So lange die jonische Siebeninsel-Republik bestand, bis sie 1863 mit dem Königreiche Griechenland vereinigt wurde, ward sie von dem britischen Schutzherrn im Auslande mitvertreten. Ist der Souverän minderjährig oder sonst zeitlich verhindert, seine Regierungsrechte auszuüben, so ernennt und empfängt der interimistische Reichsverweser oder Regent die Gesandten. Sonst kann ein Gouverneur, z. B. in einer entfernten Colonie, nur mit Genehmigung, Delegation seines Souveräns Gesandte ernennen.

Verpflichtet ist an sich kein Staat Gesandte zu schicken oder zu empfangen, es wäre denn, dass es sich um gütliche Beilegung eines Streites, um Verständigung handelt, die nur durch persönlich gewechselte Erklärungen erzielt werden kann.

In der Regel beschicken sich Staaten, die in völkerrechtlichem Verkehre stehen, mit Gesandten, und liegt in der Annahme eines Gesandten ebenso ein Zugeständniss des activen Gesandtschaftsrechtes für den andern Staat, als sie gegenseitige Absendung eines solchen zur Folge hat.

§. 54.

Von den verschiedenen Classen und Benennungen der Gesandten.

Man unterscheidet erstlich Ceremonial- und Geschäftsgesandte. Jene werden zu feierlichen Anlässen, zum Beglückwünschen bei einer Thronbesteigung, zur Beileidsbezeugung bei einem Todesfalle in der regierenden Familie u. dgl., diese zu eigentlichen Geschäftsverhandlungen abgeschickt.

Der Wiener Congress (1815) hat drei Classen von Gesandten festgestellt. In die erste gehören Botschafter (Ambassadeurs, von Ambacht, Ambt, Amt abgeleitet), die Nuntien und Legaten des Papstes; in die zweite Gesandte im engeren, technischen Sinne des Wortes (envoyés extraordinaires et ministres plénipotentiaires), die Internuntien des Papstes, dann der kaiserliche, österreichische Internuntius in Constantinopel;

in die dritte die Geschäftsträger (chargés d'affaires). Der
Achener Congress (1818) hat zwischen Gesandte und Geschäftsträger eine dritte Classe, die der Minister-Residenten ein-
gefügt, so dass einzelne Staaten vier Classen von Gesandten
zählen, worunter dann den Minister-Residenten die dritte, den
Geschäftsträgern die vierte angewiesen ist.

In jeder einzelnen Classe werden die Gesandten mit demselben Ceremoniel, d. h. Inbegriff der ihnen im persönlichen
officiellen Verkehr zustehenden äussern Ehrenrechte, behandelt.
Sie rangiren in den betreffenden Classen nach dem Datum
der officiellen Notification ihrer Ankunft am Orte ihrer Bestimmung. Repräsentativ-Charakter im eigentlichen Sinne
des Wortes steht den Gesandten aller Classen als Vertreter
ihrer Souveräne zu. Geschäftsträger haben nicht selten ebenso
wichtige oder noch wichtigere Geschäfte als Botschafter zu
besorgen. Im Sinne des heutigen positiven Völkerrechtes
und mit Rücksicht auf das ihnen zustehende Ceremoniel
geniessen die Gesandten erster Classe vorzugsweise und im
höchsten Grade den Repräsentativcharakter, sind nächst ihrem
Souverän mit den höchsten Ehren zu behandeln.

Die Unterscheidung in ordentliche und ausserordentliche Gesandte fällt heut zu Tage hinweg, indem der Titel
ausserordentlich in der Regel jedem Gesandten erster und
zweiter Classe, letzterem noch dazu der eines bevollmächtigten
Ministers beigelegt wird.

Von Gesandten müssen jedoch unterschieden werden:
erstlich Deputirte, welche eine Provinz oder Stadt an den
eigenen, oder in Kriegszeiten auch an einen fremden Souverän
oder dessen Generäle schickt; von Commissarien, welche
eine Regierung zur Regelung gewisser Angelegenheiten, z. B. von
Grenzregulirungen, Handelsinteressen, aber ohne diplomatischen
Charakter abordnet; endlich von geheimen Agenten, die
ohne Vorwissen der Regierung in's Land kommen, sogar ge-
straft werden können, wie anderseits von vertraulichen, con-
fidentiellen Agenten, die an die Regierung selbst geschickt,
aber der Verhältnisse wegen vor der Hand mit keinem diplomatischen Charakter auftreten wollen oder dürfen.

Aber auch die Consuln, welche in fremde Staaten,
Handelsorte, Hafenplätze zur Ueberwachung der Handels-

interessen, zum Schutze der Schiffer und Handelsleute abgeschickt werden und mit sogenannten Provisionsschreiben
ihrer Regierung versehen, mit Genehmigung (dem Exequatur)
der fremden in's Amt treten, sind keine diplomatischen
Personen, sondern, ob auch mit öffentlichem Charakter
bekleidete, mit einzelnen Vorrechten ausgestattete, unter dem
Schutze des Völkerrechtes stehende Personen, doch nur staatliche Handelsagenten, mögen sie nun nach Ausdehnung ihres
Amtsbezirkes und Berechtigungskreises General-Consuln, Consuln, Vice- oder Honorar-Consuln heissen. Jedenfalls ist die
amtliche Stellung der Berufsconsuln (consules missi) eine
höhere, bedeutendere, als die derjenigen Consuln, die an minder
wichtigen Plätzen aus der Zahl der dort ansässigen Kaufleute
gewählt werden (consules electi, consuls marchands). Nur in
den Staaten der Pforte, in Marokko und den Barbaresken,
jetzt überhaupt in nichtchristlichen Staaten, besitzen die Consuln die Vorrechte wirklicher diplomatischer Personen, haben
diplomatischen Charakter und sind sogar mit weit umfassen-
deren, auf Tractaten (den sogenannten Capitulationen) beruhen-
den Vorrechten, als ihre Amtsgenossen in christlichen Staaten
ausgestattet, indem ihnen zum Schutze ihrer Nationalen gegen
orientalische Willkür und Barbarei sogar eine ausgedehnte
Gerichtsbarkeit in Civil-, zum Theile auch in Strafsachen zusteht. In Egypten sind in der jüngsten Zeit versuchsweise
auf fünf Jahre gemischte Tribunale aus europäischen und einheimischen Richtern eingesetzt worden, die aber ihre Probe erst
zu bestehen haben.

§. 55.

Wahl der Gesandten der Classe, Person, Anzahl nach.

Das Recht Gesandte erster Classe zu schicken wird nach
heutigem Rechte von Staaten mit königlichen Ehren, also
Kaisern, Königen, dem Papste, Grossherzogen, früher dem
Kurfürsten von Hessen-Kassel, dann den grössern Republiken,
die Schweiz inbegriffen, nur ihres Gleichen zugestanden. Aber
der Kostspieligkeit ihres Auftretens, des oft lästigen Ceremoniels
wegen, schicken häufig auch Grossmächte sich gegenseitig nur
Gesandte zweiter Classe. Zweifellos können übrigens, wenn sie

sich den Luxus gönnen wollen, auch Staaten ohne königliche
Ehren unter einander Gesandte erster Classe schicken und
empfangen. Im Allgemeinen herrscht also darin Reciprocität.
Ein Staat kann auch, besonders zu Congressen, mehrere
Gesandte schicken. Dagegen kann auch derselbe Gesandte
von seiner Regierung bei mehreren, z. B. kleineren Höfen, beglaubigt werden, sowie anderseits mehrere solche Höfe zusammen nicht selten einen und denselben Gesandten an einen
grösseren Hof absenden.

Es steht aber auch jedem Staate frei, eine ihm missliebige
Person (persona ingrata) als Gesandten einer fremden Macht,
allerdings nicht ohne Angabe der Gründe, zurückzuweisen.
Daher die vorsichtsweise Sitte, den Namen und die Rangclasse
des designirten Gesandten dem andern Hofe früher anzuzeigen,
um nicht eine in jedem Falle unangenehme Zurückweisung
zu erfahren.

Insbesondere pflegen grössere Staaten wegen der vielfachen sich sonst ergebenden Schwierigkeiten ihre eigenen
Unterthanen nicht als Gesandte fremder Mächte anzunehmen.
Oefters gestattet man den eigenen Unterthanen die Annahme
von Consulatsposten im Vaterlande und zwar im Namen
und Auftrage fremder Regierungen. Wir bemerken jedoch bei
diesem Anlasse, dass wichtige Posten dieser Art im Auslande
nie fremden, unbezahlten, nur auf ihre Gebühren angewiesene
Unterthanen anvertraut werden sollten, denen der mächtige Impuls
der Vaterlandsliebe fehlt, die obendrein als Handelsleute sich
mehr um ihre eigenen Geschäfte, als um die Interessen des
Handels und der Schifffahrt fremder Staaten kümmern, welche
mit jenen eventuell sogar collidiren können.

§. 56.

Gefolge des Gesandten.

Das Gefolge des Gesandten zerfällt in ein amtliches,
aus den Beamten der Gesandtschaft als solcher bestehend, in
die Familie und die Dienerschaft des Gesandten.

Zu den Beamten der Gesandtschaft gehören die jungen
Leute, welche als diplomatische Attachés oder Commis ihre
diplomatische Laufbahn und Praxis beginnen; Gesandtschafts-

cavaliere (gentilshommes d'Ambassade), Gesandten erster Classe,
besonders bei Ceremonialgesandtschaften zur Erhöhung des
Glanzes beigegeben; vor allem aber die Gesandtschafts- und
Botschafts- oder Legationssecretäre, die manchesmal auch den
Ehrentitel Legationsräthe erlangen. Die Gesandtschaftssecre-
täre, welche den päpstlichen Nuntien zur Seite stehen, führen
den Titel Auditore (uditori). Diese Secretäre werden vom
Staate ernannt, haben dem Gesandten in allen Geschäften an
die Hand zu gehen und vertreten ihn in seiner Abwesenheit,
gewöhnlich mit der Charakterisirung als Geschäftsträger. Von
ihnen wohl zu unterscheiden sind Privatsecretäre der Gesandten.
Jene, wie alle andern Beamten der Gesandtschaft, namentlich
der Kanzleidirector, Kanzler, die Dolmetscher, Gesandtschafts-
capläne (aumôniers), wie die zum Transporte von Depeschen
bestimmten Couriere, werden vom Staate ernannt. Die Couriere
insbesondere, auch durch äussere Abzeichen kennbar (Schild-
couriere, couriers à écusson), oder wie die Feldjäger in Russland militärisch organisirt, haben das Recht auf schleunigste
Beförderung durch die Post, auf Freiheit ihrer Gesandtschaftspackete von zollämtlicher Visitation, und ist ihre Person unverletzlich. Oft werden auch Militärs, Staatsbeamte, selbst verlässliche Reisende zum Mitnehmen und Transporte von Depeschen verwendet.

In der Familie des Gesandten nimmt seine Frau eine
hervorragende Stellung ein, und geniesst dieselbe, insbesondere
die des Botschafters, ausgezeichnete Ehrenrechte beim Empfange
bei Hof, bei festlichen Gelegenheiten.

Die Dienerschaft des Gesandten zerfällt in die höhere
Dienerschaft (Haushofmeister etc.), die Uniform, wie man
sie nennt, und die Livrée, wozu die untere Dienerschaft,
Lakaien, Kutscher u. s. w. gehören.

§. 57.

Papiere, die dem Gesandten zum Antritte seines Amtes nöthig sind.

Der Gesandte erhält vor allem, um sich beim fremden
Hofe zu legitimiren, ein Beglaubigungsschreiben (lettres

de créance), welches von Souverän an Souverän gerichtet, in Kürze den Zweck der Gesandtschaft, Namen und Rangclasse des Gesandten enthält, ihn dem Wohlwollen des Souveräns mit der Bitte empfiehlt, seinen im Namen des Senders gesprochenen Worten Glauben zu schenken. Gesandte der ersten und zweiten Classe überreichen ihre Creditive dem Souverän, die der dritten dem Minister der auswärtigen Angelegenheiten, bei welchem sie in der Regel beglaubigt werden, obgleich sie nicht selten zu diesem Behufe vom Souverän selbst empfangen werden. Das Beglaubigungsschreiben ist entweder im feierlichen Kanzleistiel oder in der einfachen Form eines Kabinetsschreibens abgefasst. Es wird, wenn es offen oder unter sogenanntem fliegendem Siegel ausgefertigt ist, im Original, sonst in Abschrift, früher dem Minister des Aeussern vorgezeigt, und erst wenn kein Verstoss gegen das Ceremoniel oder kein anderes Hinderniss darin wahrnehmbar ist, kann das Original dem Souverän überreicht werden.

Ist der Gesandte bei mehreren Souveränen oder bei demselben in verschiedenen Eigenschaften beglaubigt, so führt er mehrere Creditive. — Nicht selten werden ihm auch an Prinzen des regierenden Hauses oder andere angesehene Personen Empfehlungsbriefe mitgegeben.

Die Vollmacht des Gesandten, der im Verhältnisse zu seinem Souverän Beamter, in dem zum fremden Souverän **Mandatar** ist, und welche bald eine unbeschränkte, bald eine beschränkte ist, bald auf alle Geschäfte, bald auf ein bestimmtes Geschäft lautet, ist zwar dem Wesen nach im Beglaubigungsschreiben enthalten, wird aber doch ausserdem eigens ausgestellt. Gesandte bei Congressen erhalten nur Vollmachten, die ihnen zugleich als Beglaubigung dienen, und geprüft, als richtig erkannt (verificirt) werden müssen, wenn der Gesandte an den Congressverhandlungen Theil nehmen soll.

Der Gesandte erhält ferner als Richtschnur für sein Verhalten eine Instruction, die eine allgemeine oder specielle, eine öffentliche (ostensible) oder, was wohl die Regel ist, geheim zu haltende sein kann. Dem fremden Souverän gegenüber gilt die Vollmacht und die ostensible Instruction, wenn sie eine solche ist; für die Uebertretung der geheimen Instruction ist der Gesandte seinem Machtgeber verantwortlich.

Endlich braucht der Gesandte Pässe vom eigenen, vom
fremden Souverän, dann auch von den Souveränen der
Länder, die er durchreisen muss, um an den Ort seiner Bestimmung zu gelangen.

Nothwendig ist es nicht, dass er auf solcher Durchreise
völkerrechtliche Privilegien geniesse, ja man hat kein Bedenken getragen, Gesandte, die von einer feindlichen Regierung
an einen dritten Staat geschickt wurden, an- und festzuhalten.
Die Ertheilung eines Passes durch einen beschickten Souverän
enthält zugleich die stillschweigende Annahme des Gesandten.

§. 58.

Von den Geschäften des Gesandten.

Die eigentlichen Geschäfte des Gesandten, von seinen
Ceremonialfunctionen abgesehen, beziehen sich auf die innere
Geschäftsordnung seiner Kanzlei, auf Verhandlungen mit der
fremden Regierung, auf Berichterstattung an die eigene Regierung. Zu der ersten Classe von Arbeiten gehört die Abfassung, Durchsicht und Ausfertigung aller Arten von schriftlichen Aufsätzen, Führung des Tagebuches der Gesandtschaft,
Aufsicht über Registratur und Archiv, Vertheidigung und
Aufrechthaltung der gesandtschaftlichen Privilegien, Ertheilung
von Pässen oder Passvidirungen an Landsleute und Fremde,
die in die Heimath des Gesandten reisen, und Ausstellung von
Certificaten an Landsleute, Legalisirung von Urkunden, welche im
Vaterlande des Gesandten rechtliche Wirkungen erzeugen sollen.

Die Verhandlungen mit der fremden Regierung werden
selten zwischen dem Gesandten und dem Souverän, in der
Regel mit dem Minister der auswärtigen Angelegenheiten oder
andern dazu bestimmten Commissarien mündlich oder schriftlich
geführt. Die mündliche Verhandlung wird häufig durch sogenannte Verbalnoten (Aide-mémoire, Aperçu de conversation)
constatirt; die schriftliche wird in Noten, Memoiren und in
andern Formen, regelmässig in Noten geführt, bei Congressen
durch Protokolle festgehalten.

Die Verhandlungen können Staatsgeschäfte oder Angelegenheiten der Landsleute des Gesandten betreffen, deren

Schutz im fremden Gebiete zu den vornehmsten Pflichten des
Gesandten gehört. Bei wichtigen Anlässen, welche alle Gesandten an einem fremden Hofe, z. B. Verletzung ihrer Vorrechte, betreffen, treten sie gemeinschaftlich, solidarisch, als
diplomatisches Corps auf, und führt in dessen Namen der
im Range Höchste und zugleich der Function nach Aelteste
das Wort.

Die Berichte, welche der Gesandte an seine Regierung
erstattet, sind entweder periodische, zu gewissen Zeitpunkten
regelmässig abgehende, oder ausserordentliche bei besonders
wichtigen Anlässen, um seinen Hof davon in Kenntniss zu
setzen, sich zugleich Weisungen zu erbitten. Die Botschafter
Venedigs, welche auf je drei Jahre ernannt wurden, mussten
nebst den gewöhnlichen Amtsberichten am Schlusse der Mission einen Generalbericht erstatten. Das sind die berühmten
Relazioni degli ambasciatori veneti in den Archiven Venedigs,
eine wahre Fundgrube für die Geschichte früherer Jahrhunderte.

Die Correspondenz mit der eigenen Regierung wird, um
ihren Inhalt Unberufenen zu entziehen, und weil der Post,
trotz aller versprochenen Wahrung des Briefgeheimnisses, nicht
immer getraut wird, in Geheimschrift mit Chiffern geführt.
Behufs der Zusammenstellung solcher chiffrirter Depeschen
und zur Uebersetzung der einlaufenden erhält der Gesandte
einen doppelten Schlüssel, einen zum Chiffriren, den andern
zum Dechiffriren.

Die Chiffern sind conventionelle, nach dem Schlüssel
zu schreibende oder zu lesende Zeichen, Buchstaben in eigener
Versetzung oder auch Zahlen, oder Zahlen mit Buchstaben
vermengt. Der grössern Sicherheit wegen wechselt man von
Zeit zu Zeit die Chiffre.

Die Sprache der diplomatischen Verhandlungen ist
meistens die französische, durch ihre Klarheit und Präcision
und ihre grosse Verbreitung dazu besonders geeignete. Jedoch
kann jeder Staat sich der eigenen oder einer beliebigen bedienen, muss aber, wenn er verstanden sein will, eine Uebersetzung hinzufügen. Bedient man sich einer fremden Sprache,
so thut man es oft, wie es in der Wiener Congressacte vom
9. Juni 1815, 120. Artikel, bezüglich des Gebrauches der
französischen Sprache geschah, mit dem Vorbehalte, dass dies

dem Rechte, sich der eigenen zu bedienen, keinen Eintrag
thun solle. (L'emploi de la langue française ne tirera point
à conséquence pour l'avenir.)

§. 59.

Rechte und Privilegien der Gesandten.

Sie sind entweder zufällige, ausserwesentliche, worunter
man die Ceremonialrechte begreift, oder wesentliche, ihrem
Amte, ihrer repräsentativen Eigenschaft anklebende.

§. 60.

1. Von den Ceremonialrechten der Gesandten.

Das Ceremoniel der Gesandten, d. i. der Inbegriff ihrer
Ehrenrechte und äussern Vorzüge, verschieden in Einzelnheiten
nach der Bestimmung und Gepflogenheit der verschiedenen
Höfe, ist doch, in Folge des Grundsatzes der Reciprocität, der
Hauptsache nach gleichförmig ausgebildet worden, besonders
seit dem westphälischen Congresse (1648) und den nachfolgen-
den grossen Diplomaten-Versammlungen zu Nymwegen (1679),
Ryswick (1697), Utrecht (1713) u. s. w. Das Reglement des
Wiener Congresses (1815) über den Rang der diplomatischen
Agenten besagt, dass für alle Gesandten derselben Classe und
an demselben Hofe ein gleichförmiges Ceremoniel beobachtet
werden solle.

Die Gesandten erster und zweiter Classe erhalten den
Titel Excellenz, die der dritten wohl nur, wenn sie von
grössern Staaten an kleinere geschickt werden. Fordern können
diesen Titel streng genommen nur Gesandte erster Classe, die
der zweiten nur dann, wenn sie diesen Titel schon ausserdem,
d. h. in einer andern als der gesandtschaftlichen Eigenschaft,
z. B. in Oesterreich als wirkliche geheime Räthe führen; sie
erhalten ihn aber in der Regel aus Höflichkeit.

Die Gesandten erster Classe haben das Recht in ihrem
Empfangsaale einen Thronhimmel (dais von discus, über-
hängte Tafel) aufzuschlagen; ihren Pferden Quasten (Fiocchi)

anzuhängen und bei feierlichen Anlässen mit Sechsen zu fahren, mit militärischen Ehren begrüsst zu werden u. s. w.

Gesandte erster Classe übergeben ihre Beglaubigungsschreiben dem Souverän in öffentlicher Audienz. Sie werden dazu feierlich eingeholt, begeben sich, von ihrem Gefolge begleitet, über die grosse Stiege (escalier des Ambassadeurs) in den Thronsaal. Nach erhaltener Aufforderung des Souveräns, der sie, umgeben von den Prinzen des Hauses und den Ministern, empfängt, bedeckt der Botschafter das Haupt und liest sitzend die Antrittsrede, worauf er die Creditive übergiebt. Die Antrittsrede wird vom Souverän oder in dessen Namen beantwortet.

Hierauf entfernt sich der Botschafter mit den usuellen Förmlichkeiten und begiebt sich zu der Gemahlin des Souveräns und den übrigen Mitgliedern der regierenden Familie und hält an dieselben kurze Anreden.

Minder feierlich, nur in Privataudienzen werden Gesandte der unteren Classen empfangen. Zuweilen werden Gesandte auch vom Souverän beschenkt, wenn die Annahme solcher Geschenke ihnen nicht, wie z. B. denen der Vereinigten Staaten Nordamerikas, verboten ist.

Eigenthümlich in einzelnen Punkten ist das Empfangsceremoniel am päpstlichen Hofe und beim Sultan. In letzterer Beziehung ist zu bemerken, dass der Gesandte den ersten Besuch stets dem Grossvezier macht, und erst dann vom Grossherrn empfangen wird.

Auch in der Art und Reihenfolge der Antrittsbesuche, welche der Gesandte nach Ueberreichung des Beglaubigungsschreibens, wodurch er erst förmlich in seine diplomatische Stellung und die damit verbundenen Rechte eintritt, den an demselben Hofe accreditirten Gesandten anderer Mächte, den Ministern und hohen Würdenträgern zu erstatten hat, und der zu erhaltenden Gegenbesuche, ist sich an das Ceremoniel zu halten, welches im Allgemeinen oder an den einzelnen Höfen besteht. Gesandte der ersten Classe erhalten, nachdem sie ihre Ankunft den übrigen Gesandten notificirt haben, und förmlich accreditirt sind, von allen Gesandten den ersten Besuch, und zwar haben sich die der unteren Classen die Stunde ihres Erscheinens zu erbitten. Diese Besuche werden in derselben

Ordnung, wie sie gemacht worden, erwidert, und zwar bei den Botschaftern persönlich, bei den Gesandten der unteren Classen durch Vorfahren und Abgabe von Carten. Gesandte der zweiten und dritten Classe machen allen Gesandten den ersten Besuch, und zwar bei den Botschaftern zu der früher von letzteren bestimmten Stunde, Gesandte der zweiten Classe denen der dritten Classe durch Vorfahren und Carten. Den Gegenbesuch machen Botschafter durch Vorfahren und Carten, Geschäftsträger meistens in Person.

Was den Rang oder Vortritt (précédence, préséance) bei Zusammenkünften von Gesandten, und zwar bei feierlichen, ceremoniellen Anlässen betrifft, so gehen selbstverständlich die Gesandten erster Classe denen der zweiten, die der zweiten denen der dritten vor. Unter den Gesandten derselben Classe entscheidet ohne Rücksicht auf das Prädicat „ausserordentlich" oder Familienbeziehungen der Höfe, einzig das Datum der amtlichen Notification der Ankunft am Orte der Beglaubigung. Jedoch gebührt an katholischen Höfen (und Republiken) dem päpstlichen Gesandten herkömmlich der Vorzug. Gesandte erster Classe wollen nur den Prinzen vom Geblüte nachstehen, keineswegs fremden Fürsten, die einen minderen Rang als die Mandanten jener Gesandten im Staatensystem einnehmen, in Rom auch nicht den Cardinälen. Legate, Cardinäle, werden nicht zu ständigen Botschaftern ernannt, weil sie selbst Prinzen vom Geblüte nicht den Vorrang einräumen wollen. Die Präcedenz vor anderen nicht diplomatischen Personen, Staatsbeamten u. s. w. richtet sich nach dem Herkommen oder den Gesetzen des fremden Staates. Bei Besuchen im eigenen Hause (natürlich ist hier nur von Etiquette nicht von Privatbesuchen die Rede) räumt der Gesandte dem Besucher gleichen Ranges die Vorhand (main d'honneur) ein, nicht so denen unteren Ranges.

Zahlreicher kamen und kommen noch, wenn auch seltener als früher, Streitigkeiten wegen des Vorranges unter den Gesandten vor, wobei häufig nicht bloss auf ihre Rangsclasse, sondern auch auf die Machtstellung und politische Bedeutung der betreffenden Souveräne Rücksicht genommen wird. Diese Streitigkeiten dürfen jedoch nicht in verletzende Anmassungen ausarten, und ist der Besitzstand, d. h. der bisherige Besitz

bestimmter Ehrenrechte, abgesehen von dem erst gütlich aus-
zutragenden Rechte, stets zu achten.

Um solchen Controversen auszuweichen oder keine zu
veranlassen, pflegt man verschiedene Auskunftsmittel (expédients) zu ergreifen. Wir wollen Einzelne derselben anführen.

Man erklärt alle Plätze für gleich, setzt sich ohne bestimmte Ordnung, oder nach alphabetischer Namensreihe der
Staaten. Man erscheint abwechselnd, oder man erscheint gar
nicht, um Collisionen auszuweichen; man reciprocirt, erwiedert
mit derselben Behandlungsweise; man protestirt oder erscheint
mit der Reserve, dass in dem Erscheinen kein Nachgeben
oder Aufgeben des Anspruches liege, u. s. w.

Bei Unterfertigung von Verträgen wird der Rang
im Contexte nach der Reihenfolge der Unterfertiger bestimmt,
so dass der höchst stehende zuerst u. s. f. die übrigen unter-
zeichnen. In der Unterschrift gilt die in der linken Reihe
vom Leser (der rechten im Sinne des Blason, des Wappen-
schildes) obenan befindliche als die erste; die nächstfolgende
ist die an der obersten Stelle der rechten Reihe oder Colonne,
die dritte die auf die erste in der linken Colonne folgende u. s. w.
Rangstreitigkeiten darin zu beseitigen, beobachtet man das
sogenannte Alternat, d. h. jede Macht nennt sich zuerst in dem
in ihrer Kanzlei ausgefertigten Exemplare der Vertragsurkunde.
Wird ein einziges Exemplar ausgestellt, dann entscheidet nach
dem Reglement des Wiener Congresses vom 19. März 1815
über den Rang der diplomatischen Agenten, unter Mächten,
welche das Alternat beobachten, das Loos über die Reihenfolge.

Beim Sitzen wird der Platz gegenüber vom Eingange
als der erste, der rechts neben ihm als zweiter, links neben
ihm als dritter u. s. w. angesehen. Ein runder Tisch ohne
Auszeichnung des Ehrenplatzes dient hier als Auskunftsmittel
im Falle von sich ergebenden Rangstreitigkeiten.

Beim Gehen ist das Einherschreiten hinter einander
(Verticalordnung) von dem neben einander (Lateralordnung)
zu unterscheiden. Ist die Zahl eine ungerade, so ist der Platz
in der Mitte der Ehrenplatz, und die andern Plätze vorzüg-
licher, je nachdem sie sich rechts oder links vom Ehrenplatze
befinden, sonst, nämlich bei gerader Zahl (in der Verticalordnung) der äusserste Platz hinten, oder (in der Lateralordnung)

rechts der zweite, ihm unmittelbar vor- oder neben angehend
der erste u. s. f. Aber der Usus variirt hier häufig. An dem
einen Hofe eröffnet der Angesehenste in der Verticalordnung
die Reihe, an einem andern schliesst er sie.

§. 61.

2. Von den wesentlichen Rechten und Privilegien des Gesandten.

Sie lassen sich auf die zwei Hauptrechte, das der Unverletzlichkeit und der Exterritorialität zurückführen.
Heilig und unverletzlich ist die Person des Ge-
sandten. Auch bei den Völkern des Alterthums, vorab den
Griechen und Römern, galt dieser Grundsatz. Nicht minder wurden die Herolde im Mittelalter respectirt, wie selbst mitten
im Schlachtgewühle die Parlamentäre. Wer einen Gesandten
verletzt, begeht eine doppelt und dreifach strafbare Handlung.
Denn er verletzt in der Person des Gesandten erstens einen
Menschen; einen Fremden, der als solcher auf den besonderen
Schutz des Gesetzes Anspruch machen kann; endlich den
Vertreter eines fremden Souveräns, die Würde und Majestät
des Souveräns wie des Staates. Er macht sich dadurch, da
die Strafbarkeit mit der Ausdehnung und Intensität der straf-
baren Handlung steigt, einer um so schwereren Rechtskränkung
schuldig. Die Unverletzlichkeit der Gesandten, ohne welche
der Zweck der Gesandtschaften nicht gedacht werden kann,
beginnt gleich den übrigen Vorrechten desselben vom Zeitpunkte, in welchem er das Gebiet des fremden Staates betritt,
bis zu dem, in welchem er es verlässt. Sie wird selbst beim
Ausbruche eines Krieges geachtet, und dem Gesandten freier
Abzug mit seinem Gefolge gewährt. Die Pforte ist von der
Ausnahme, die sie allein in dieser Beziehung machte, indem
sie Gesandte einer feindlich gewordenen Macht unter dem
Vorwande des Schutzes gegen Pöbelwuth, in Wirklichkeit um
lebende Unterpfänder zu haben, in die sieben Thürme sperrte,
seit dem Ende des vorigen Jahrhunderts abgekommen. Die
Sorge für die Unterthanen seines Souveräns übergiebt ein
heimgeschickter oder sich beim Kriegsausbruche selbst zurück-

ziehender Gesandter dem Gesandten eines befreundeten, neutralen Staates.

Die Exterritorialität im weitesten Sinne des Wortes besteht in der Unabhängigkeit des Gesandten von der fremden Staatsgewalt; im engeren Sinne in der Exemtion von der Gerichtsbarkeit des fremden Staates; im engsten Sinne in der Exemtion von der Strafgerichtsbarkeit desselben. Er wird gewissermassen als ausserhalb (extra) des fremden Territoriums befindlich und so betrachtet, als ob er sich fortwährend in seinem Vaterlande befände; sein Wohnsitz im rechtlichen Sinne des Wortes (domicilium juris) ist in diesem Vaterlande. Freiheit von dem Einflusse fremder Gerichtsbarkeit ist vor Allem nothwendig, damit der Gesandte sich frei, als wahrer Repräsentant eines unabhängigen, souveränen Fürsten bewegen und als solcher handeln könne.

Die Exterritorialität des Gesandten erstreckt sich auf die Person des Gesandten, sein Haus (Hôtel), seinen Wagen, seine bewegliche Habe, sein gesammtes Gefolge. Das Wesen der Exterritorialität ist dasselbe bei allen Classen von Gesandten; die einzelnen aus ihr hervorgehenden Rechte werden durch Verträge oder Herkommen an den verschiedenen Höfen in mehr oder minder umfassendem Sinne näher bestimmt.

§. 62.

Von der gerichtlichen Exterritorialität.

Der Gesandte untersteht weder den Gesetzen noch der Gerichtsbarkeit des fremden Staates. Was die polizeilichen, im Interesse der öffentlichen Ordnung und Sicherheit getroffenen Bestimmungen betrifft, ist auch der Gesandte und dessen Gefolge zur Beobachtung derselben allerdings verpflichtet.

In Ansehung der Civilgerichtsbarkeit in Streitsachen ist der Gesandte nur den Gerichten des eigenen Staates unterworfen, kann nur bei diesen geklagt werden. Auch nicht freiwillig kann sich der Gesandte der fremden Gerichtsbarkeit unterwerfen, da es sich hier nicht um ein facultativ zu übendes privates, sondern um ein öffentliches, völkerrechtliches Privilegium handelt, auf das er ohne Geneh-

migung des Souveräns nicht verzichten kann. War er schon
früher Unterthan des beschickten Staates, so hört er durch
die Ernennung zum Gesandten eines fremden Souveräns, deren
Annahme selbstverständlich nur mit Zustimmung des eigenen
Souveräns erfolgen kann, zwar nicht auf, Unterthan des
Letzteren zu sein, aber die Genehmigung, eine solche Ernennung anzunehmen, welche nothwendig Exterritorialität zur
Folge hat, involvirt, wenn nicht ausdrücklich das Gegentheil
erklärt wurde, stillschweigend die zeitliche, theilweise Suspension des Unterthanschaftsverbandes.

Wegen der grossen Unzukömmlichkeiten, die mit einem
solchen Doppel-, um nicht zu sagen Zwitterverhältnisse verbunden sind, ertheilen grössere Staaten selten ihre Genehmigung
im besprochenen Falle, oder verbieten ihren Unterthanen grundsätzlich die Annahme fremder Gesandtschaften beim eigenen
Souverän. Selbst eine solche Annahme für einen dritten Staat,
beziehungsweise bei einem dritten Staate, beim ersten Anblicke
unverfänglich, aber doch möglicher Weise zu Collisionen
führend, wäre am besten zu untersagen, könnte jedenfalls, so
lange der am Hofe C accreditirte Gesandte des Staates B
Unterthan des Staates A ist, untersagt, oder für ein Aufgeben
des Unterthansnexus erklärt werden.

Es bedarf übrigens keines Beweises, dass die Exterritorialität des Gesandten in Civilstreitsachen nur den Gesandten
als Beklagten betrifft. Als Kläger muss er, da Niemand
seinem competenten Richter entzogen werden kann, und in
Gemässheit des processualischen Grundsatzes, dass der Kläger
das Forum des Beklagten aufsuchen muss (actor sequitur
forum rei), seine Klage bei dem im concreten Falle für den
Beklagten competenten Gerichtsstande anbringen.

Daraus folgt, dass, insofern nach der Processordnung dem
Beklagten das Recht einer Widerklage (reconventio) wegen
Connexität mit der gegen ihn angestrengten Klage zusteht,
der Gesandte vor demselben Gerichtsstande des Beklagten als
dem forum reconventionis selbst geklagt werden kann. Es wäre
dies nur eine gesetzlich vorhergesehene Folge der Klage, der
sich kein Kläger, also auch nicht der Gesandte entziehen kann.

In Oesterreich ist das Gericht des Oberhofmarschalls eine
privilegirte Instanz für die Mitglieder der regierenden Familie,

die nicht selbst Souveräne sind, einige, eigens zugewiesene
hohe Persönlichkeiten (Prinz Wasa etc.), dann die diplomatischen Vertreter des Auslandes, d. h. für sie als Beklagte.
Nicht in dem Sinne, als ob dieses Gericht für Gesandte und
deren Gefolge obligatorisch wäre. Aber beim Eintritte in
Oesterreich wissen die Gesandten, welche Competenz dieses
Gericht habe, wissen, dass es seit einer langen Reihe von Jahren
besteht, von allen Staaten gekannt und anerkannt wird, dass
die Diplomaten stets ausnahmlos sich dessen Jurisdiction und
zwar im wohlverstandenen eigenen Interesse unterwarfen, weil
ja dadurch die Processe rascher und wie irgend anders ver-
lässlich zu Ende geführt werden.

Einzelne Schriftsteller behaupten, dass der Gesandte selbst
dann, wenn er als Kläger auftritt, der Zustimmung seines
Souveräns bedarf. Für nothwendig halten wir solches nicht,
aber für zweifellos, dass der Monarch dies verlangen kann,
und dass, selbst wenn er es nicht thut, Gesetz und Instruction
darüber schweigen, der Gesandte jedenfalls wohl daran thun
wird, sich früher anzufragen.

Der Gesandte darf Schulden halber nicht verhaftet, seine
bewegliche Habe nicht mit Beschlag belegt werden, ausser
wenn der Gesandte sie in anderer Eigenschaft, z. B. als Kauf-
mann, als Fabrikseigenthümer besitzt.

Noch weniger als die Stellung eines wirklichen Berufs-
consuls ist die eines Gesandten mit Handels- oder Fabriks-
betrieb vereinbar, der Würde und dem Ansehen des Vertreters
eines Staates abträglich, zu gar vielen Collisionen und Ver-
legenheiten führend.

Unbewegliche Güter, die der Gesandte im fremden
Staate besitzt, unterstehen natürlich der Realjurisdiction dieses
Staates. Rücksichtlich derselben ist der Gesandte wie jeder
Forense (forain) zu betrachten. Das Wohnhaus des Ge-
sandten (Hôtel), wenn es dem Staate des Gesandten, wie z. B.
der Palazzo di Venezia in Rom Oesterreich gehört, ist in jeder
Beziehung exterritorial, auch von Militäreinquartierung frei.
Ist es, wie meistens der Fall, gemiethet, so darf ebenfalls kein
Militär einquartiert werden, aber der Hauseigenthümer muss
dann dafür das Relutum (Geldäquivalent) zahlen oder das
Militär anderswo unterbringen. Die Gesandten haben ferner

das Recht, das Wappen ihres Souveräns über dem Thore des
Hauses anzubringen. Noch häufiger machen aber die Consuln
von diesem Rechte Gebrauch, auch damit von fern herkom-
mende Seefahrer ihrer Nation das Haus des Consuls leicht
auffinden können.

Der Gesandte untersteht auch nicht der freiwilligen
Gerichtsbarkeit (juridiction non contentieuse, volontaire) des
Landes. Er kann sich z. B. eines Notars bedienen, wenn dies
zu thun Jedermann freisteht, keinesfalls aber, wenn des Notars
oder des Richters Mitwirkung bei gewissen Acten freiwilligen
(nach österreichischem Sprachgebrauch sogenannten adeligen)
Richteramtes obligatorisch ist.

Ueber sein Gefolge steht dem Gesandten nur dann eine
Gerichtsbarkeit zu, wenn er von seinem Souverän dazu berechtigt und beauftragt ist. Solche Berechtigung wird heut
zu Tage nur in Bezug auf Acte der freiwilligen Gerichtsbarkeit
ertheilt. Der Gesandte kann Testamente von Personen seines
Gefolges aufnehmen, und zwar nach Vorschrift des heimathlichen Gesetzes, selbst von andern Landsleuten, die nicht zu
seinem Gefolge gehören. Wird er um eine Zeugenaussage
(Deposition) einer Person seines Gefolges von den fremden
Gerichten angegangen, so ertheilt er entweder der betreffenden
Person die Erlaubniss zu dem bestimmten Zwecke vor Gericht
zu erscheinen, oder er nimmt deren Aussage in der Gesandt-
schaftskanzlei auf und übersendet dem Gerichte durch Vermittlung des Ministeriums des Aeussern das über die Aussage
aufgenommene Protokoll.

Das hier bezüglich der Civilgerichtsbarkeit Gesagte gilt
auch von der Familie und dem Gefolge des Gesandten. Jedoch
bleiben niedere Diener, welche Unterthanen des beschickten
Staates sind, dessen Gerichtsbarkeit in Civilstreitsachen nach
wie vor unterworfen.

§. 62 (a).

Von der Exemtion des Gesandten von der Strafgerichts-
barkeit des fremden Staates.

Der Gesandte, frei von der Strafgerichtsbarkeit des
fremden Staates, ist aber ebensowenig als Personen seines

Gefolges berechtigt, straflos gegen Unterthanen des fremden Staates oder gegen diesen selbst Verbrechen zu begehen. Die Exemtion von der Strafgerichtsbarkeit ist eine Nothwendigkeit des Völkerrechtes, weil man einem Gesandten, der ihr unterstünde, leicht Verbrechen andichten könnte, um an ihm Gewalt zu üben, ihn einzuschüchtern, sich seiner Papiere zu bemächtigen. Schön sagt Montesquieu in seinem Geist der Gesetze (II. 1. 26.): Les Ambassadeurs sont la parole vivante du Prince qui les envoie, et cette parole doit être libre. Ils peuvent souvent déplaire: on pourrait leur imputer des crimes, s'ils pouvaient être punis pour des crimes.

Aber jene Exemtion muss mit den Rücksichten für das Wohl des Staates und seiner Angehörigen vereinbar sein, sie ist kein Freibrief für Begehung von Verbrechen, Exterritorialität nicht gleichbedeutend mit Impunität. Macht sich der Gesandte eines leichten, kein öffentliches Aergerniss verursachenden Vergehens schuldig, so sieht man durch die Finger, oder es erfolgt eine vertrauliche Warnung an den Gesandten, allenfalls auch eine Beschwerde an seinen Souverän.

Lässt er sich ein Verbrechen gegen einen Privaten zu Schulden kommen, so wird ihm aufgetragen, den Staat zu verlassen, und sein Souverän um die gebührende Bestrafung des Schuldigen angegangen, die ohne Rechtskränkung des in seinen Angehörigen verletzten Staates nicht verweigert werden kann. Wenn der Gesandte seine Pflicht und völkerrechtliche Stellung so weit vergisst, dass er, sei es im Mitwissen seiner Regierung oder ohne dasselbe, gegen die Sicherheit oder Verfassung des Staates selbst, bei dem er beglaubigt ist, conspirirt, ein Verbrechen gegen den Staat begeht, so kann man erstens gegen solches Beginnen Gegenmassregeln ergreifen, in der Vertheidigung gegen den Angriff des Gesandten Nothwehr, selbst bis zu dessen Tödtung üben. Aber richten kann man ihn nicht, nur verhaften, mit Gewalt, wenn es nothwendig, anders nicht thunlich ist, über die Grenze bringen. Sein Souverän wird ihn bestrafen oder durch Unterlassung solcher Bestrafung Mitschuldiger des Gesandten am Attentate gegen einen fremden Staat werden. Que, führt Montesquieu in der obcitirten Stelle fort, que, s'ils abusent de leur être représentatif, on le fait cesser, en les renvoyant chez-eux: on peut même les accuser devant leur maître, **qui devient par là leur juge ou leur complice.** Dann kann der Streit allerdings nicht vor gewöhnlichen Gerichten, sondern nur im völkerrechtlichen Processe des Krieges ausgefochten werden, wenn der verletzte Staat eben so viel Macht als Recht hat, seine gute Sache zu vertheidigen. Berühmte Fälle dieser Art findet man in Martens Causes célèbres du droit des gens, 2. Auflage, Leipzig 1858, so 'gleich im I. Bande die Verschwörung des spanischen Gesandten Bedmar gegen Venedig (1618), und die des spanischen Gesandten Cellamare gegen den Prinzregenten von Frankreich (1718). In demselben Werke findet man aber auch eine grosse Anzahl von Insulten, welche Gesandten an fremden Höfen oder in Republiken widerfuhren, sammt den daran sich knüpfenden Verhandlungen und Actionen.

Personen vom Gefolge des Gesandten, die sich eines Vergehens oder Verbrechens schuldig machen, werden, wenn sie Gesandtschaftsbeamte sind, ebenfalls in ihre Heimath zurückgeschickt. Untere Diener übergiebt der Gesandte häufig der Ortsobrigkeit zur Bestrafung, nachdem er sie früher aus seinen Diensten entlassen hat. Ob das Verbrechen in oder ausser dem gesandtschaftlichen Hotel begangen wurde, macht keinen Unterschied.

Dem Gesandten steht, abgesehen von leichtern Vergehen und Excessen, in christlichen Staaten keine Strafgerichtsbarkeit über sein Gefolge zu, am wenigsten Vollstreckung strafrechtlicher Entscheide im Gesandtschaftshotel. Selbst Souveränen wird im fremden Staate ein solches Recht nicht eingeräumt.

Das Hotel des Gesandten ist von gerichtlicher, polizeilicher und jeder andern behördlichen, z. B. zollämtlichen Visitation frei. Aber es darf auch nicht, wie im Mittelalter, zufolge der sogenannten Quartierfreiheit sogar das ganze Stadtviertel, in dem des Gesandten Haus gelegen war, ein Asyl für sich dahin flüchtende Verbrecher sein, die sich dem strafenden Arme der Gerechtigkeit entziehen wollen. Das Asylrecht der Klöster, Kirchen, Gesandtschaftshotels ist jetzt nur noch eine geschichtliche Erinnerung, ist mit dem heutigen Rechtsstaate unvereinbar, in demselben, da er unparteiisch des Rechtes waltet, auch überflüssig. Verbrecher, die sich in das Gesandtschaftshotel flüchten, hat der Gesandte auf Verlangen der Behörden den verfolgenden Dienern der Justiz auszuliefern. Man umstellt auch in einem solchen Falle das Hotel des Gesandten mit Wachen, um das Entweichen des Verbrechers zu hindern, und ist berechtigt, wenn ihre Auslieferung verweigert wird, sie mit Gewalt herauszuholen und zu verhaften, alles mit der dem Gesandten und seiner Wohnung, seinen Papieren, schuldigen Rücksicht.

Bei dieser Gelegenheit ist noch zu bemerken, dass Gesandte auch nicht berechtigt sind, Personen, die nicht zu ihrem Gefolge gehören, Schutzbriefe zu irgend einem Zwecke, z. B. zum Aufenthalte in der Residenz, zum Betriebe eines Gewerbes zu geben, weil dies ein Eingriff in die Befugnisse der Landesbehörden wäre. Selbst das Schutzrecht, welches Gesandte und Consuln in den Staaten der Pforte, deren nicht muselmanischen Unterthanen (Rajah) zu ertheilen pflegten, ist in der neuern Zeit auf die wenigen, im Dienste der Gesandtschaften und Consulate stehenden Personen eingeschränkt, im Princip aber abgestellt worden, da es zu vielfachen Missbräuchen Anlass gab.

§. 63.
Von der Abgabenfreiheit der Gesandten.

Seit die Gesandtschaften stehende, bleibende geworden sind, hat das früher übliche Freihalten fremder Gesandten auf Kosten des beschickten Staates aufgehört. Der Gesandte ist frei von rein persönlichen Abgaben, z. B. von der Kopfsteuer; von Steuern auf Gegenstände, die zu seinem und seines Gefolges Gebrauche dienen, also auch von Zöllen auf Waaren, die eigens zu diesem Zwecke aus dem Auslande eingeführt werden, ebenso rücksichtlich solcher Gegenstände von der inländischen Verzehrungssteuer. Wegen des Missbrauches jedoch, der mit dieser Zoll- und Accisefreiheit häufig getrieben wurde, ist dieselbe in den meisten Staaten aufgehoben worden, und den Gesandten entweder eine bestimmte Summe als Ersatz dafür bewilligt oder ihnen gestattet worden, während einer festgesetzten Zeit nach ihrer Ankunft und bis zu einem gewissen Waarenwerthe, die zur ersten Einrichtung erforderlichen Gegenstände (objets und frais de premier établissement) zollfrei einzuführen. Nach Verlauf dieser Zeit können die für den Gesandten eingeführten Waaren — nie aber seine, ohnehin meist durch eigene Couriere überbrachten Depeschen und eigentlichen Gesandtschaftspackete — im Zollamte, nicht im Hotel des Gesandten visitirt werden.

Abgaben von beweglichen Sachen, die zum persönlichen Gebrauche des Gesandten dienen, sind nicht zu entrichten, allerdings aber von Realitäten, mit Ausnahme, wie oben bemerkt wurde, des der Regierung des Gesandten gehörigen Hotels. Der Gesandte hat ferner, wenn er nicht gleich allen Amtsgenossen ausdrücklich oder usuell davon befreit ist, die entfallende Gebühr für die Benützung von Strassen, Brücken, Ueberfuhren zu bezahlen, weil diese Gebühren nichts anderes sind, als ein Aequivalent für die Herstellungs- und Erhaltungskosten dieser Objecte und die Benützung derselben.

Ebenso ist strenge genommen der Rechtstitel nicht abzusehen, aus welchem Gesandte, wie ihnen dieses in Oesterreich zugestanden wurde, Befreiung von Gemeindeumlagen in Anspruch nehmen sollten, man müsste denn behaupten, der Gesandte könne fordern, dass die Gemeinde für ihn umsonst die Strassen pflastere, dieselben unentgeltlich beleuchte und reinige und andere mannigfache Auslagen zum Besten und Nutzen sämmtlicher Stadtbewohner bestreite. Zu dem sind ja die Gemeindesteuern, die gewöhnlich in der Form von Zuschlägen (centimes additionnels, Zinskreuzern) zu den Steuern erhoben werden, bezüglich der städtischen Häuser reale Lasten, welche der Hauseigenthümer bezahlen, sich daher im erhöhten Miethzinse des Gesandten regressiren wird. Diese Exemtion des Gesandten erscheint demnach rechtlich schwer zu begründen, wäre auch in praxi meist illusorisch.

Ist die Verpflichtung, eine gewisse Auflage oder Steuer zu bezahlen, zweifelhaft, so pflegt der Gesandte den betreffenden Betrag an die Armencasse des Ortes zu bezahlen.

In einem dritten Staate, in welchem der Gesandte sich nur vorübergehend aufhält, z. B. in einem Badeorte, wird er aus besonderer Höflichkeit zuweilen auch von Abgaben frei erklärt. Die Rechte der Unverletzlichkeit und Exterritorialität in gerichtlicher Beziehung werden nach heutigem Völkerrechte und im gemeinsamen Interesse aller Staaten, einer

als Gesandten anerkannten Person auch auf der Durchreise oder bei zeitlichem Aufenthalte in dritten Staaten
nicht versagt werden.

Dass Gesandte, die bei einem Bundesstaate accreditirt
sind, ihre Privilegien im ganzen Umfange desselben, also
auch bei den einzelnen Bundesgliedern geniessen, ist selbstverständlich.

§. 64.
Recht des Privatgottesdienstes.

Bezüglich der Religions- und gottesdienstlichen Uebung
unterschied der Westphälische Friede (1648) den vollsten Grad,
das exercitium publicum, den minder vollen, das exercitium
privatum, wie es die Nichtkatholischen seit Kaiser Joseph II.
Toleranzpatent genossen, endlich die am wenigsten bevorzugte
devotio domestica, häusliche Andacht, Uebung des Gottesdienstes
in der mehr oder minder ausgedehnten Familie. Wo weder das
exercitium publicum noch privatum für die Religion des Gesandten besteht, hat er das Recht der devotio domestica, der
religiösen Uebung im Kreise seines Gefolges, das Recht zu
diesem Behufe eine Capelle zu haben und einen Geistlichen
(Caplan, Almosenier, aumônier) zu halten, welcher als wahrer
Seelsorger und Pfarrer der Gesandtschaft auch die Rechte eines
Pfarrers seiner Confession besitzt und ausübt. Diese pfarr-
lichen Functionen, Taufen, Trauungen u. s. w. darf er in der
Capelle und allen Mitgliedern der Gesandtschaft und ihres
Gefolges gegenüber verrichten, nicht minder auch mit der
stillschweigenden Duldung aller gesitteten Staaten, den Landsleuten gegenüber, die sich an dem Sitze des Gesandten befinden. Ebensowenig wird ein Anstand erhoben, den Gottes-
dienst in temporärer Abwesenheit des Gesandten, ja selbst
nach seinem Tode bis zur Ernennung eines Nachfolgers ab-
zuhalten.

Die Frau des Gesandten hat, wenn sie eine andere Confession als der Gatte hat, und diese weder das exercitium
publicum noch privatum im fremden Staate besitzt, kein Recht
auf eine eigene Hauscapelle.

§. 65.
Von der Beendigung der Gesandtschaft.

Die gesandtschaftlichen Functionen erlöschen
entweder von selbst beim Eintreten gewisser Umstände, oder erst in Folge förmlicher Zurückberufung. Das erstere findet statt, wenn der Gesandte das ihm an-
vertraute Geschäft zu Ende gebracht, und er nur zu diesem
speciellen Zwecke sein Mandat erhalten hat; durch den Ablauf der einer Mission im vorhinein gesetzten Frist, wie z. B.
nach der schon an einer früheren Stelle gemachten Erwäh-
nung, die venetianischen Gesandten regelmässig auf drei Jahre
ernannt wurden; durch die Abdankung oder den Tod des
schickenden oder des beschickten Souveräns. In letzterem
Falle bleiben gewöhnlich, jedenfalls häufig die Gesandten, erhalten nur neue Beglaubigungsschreiben vom oder beim Monarchen, so dass eigentlich nur eine zeitweilige Unterbrechung
(Suspension) mit Beibehaltung der Vollmacht, kein eigentliches
Erlöschen stattfindet. Wenn dem Gesandten nur ein höherer
Grad ertheilt wird, oder er umgekehrt, was wohl selten geschehen wird, aber aus politischen Gründen, ohne der Würde
des Gesandten nahe zu treten, geschehen könnte, in eine
niedrigere Rangsclasse versetzt wird, so erlischt seine Gesandtschaft nicht, nur das Ceremoniel wechselt. Man könnte
also höchstens sagen, er habe aufgehört Gesandter einer gewissen Classe — der ersten oder der zweiten — zu sein, aber
er bleibt Gesandter, im weitesten, generellen Sinne dieses
Wortes, und bleibt es bei demselben Hofe.

Die Gesandtschaft kann zweitens aufhören in Folge der
Zurückberufung des Gesandten. Diese erfolgt entweder
wenn der Gesandte zu einer anderen Bestimmung berufen,
z. B. zum Minister des Aeussern ernannt wird, oder auch
wenn der Souverän mit der Haltung des Gesandten nicht zu-
frieden ist; ferner, wenn der Gesandte es aus irgend einem
Grunde selbst wünscht; wenn eine Spannung oder Collision
zwischen den beiden Staaten eintritt; wenn der fremde
Souverän die Zurückberufung des Gesandten verlangt, oder

dieser wegen Verletzung der Verträge oder gesandtschaftlichen Vorrechte, oder zur Retorsion, oder bei drohendem
Ausbruche eines Krieges zwischen beiden Staaten vom Mandanten zurückberufen wird.

Mit Ausnahme der zwei letzteren Fälle der Zurückberufung erhält der zurückberufene Gesandte ein Rappellschreiben (lettres de rappel), mit dessen Ueberreichung die
Gesandtschaft endet, wie sie mit der Ueberreichung der Creditive begonnen hat. Das Rappellschreiben wird auch in ähnlicher Form wie das Beglaubigungsschreiben abgefasst. Es
enthält in Kürze die Gründe der Abberufung des Gesandten,
und erneuerte Versicherungen der Freundschaft. Der Gesandte
überreicht es in öffentlicher oder Privataudienz mit einer Ab-
schiedsrede, in welcher er für das ihm bewiesene Wohlwollen
dankt, und erhält hierauf ein an seinen Souverän gerichtetes,
die Erwiderung des Rappellschreibens enthaltendes Recredi-
tiv, in dem der Empfang des ersteren angezeigt, gewöhnlich
auch eine Belobung des Gesandten nebst der Bitte aufgenommen
wird, dessen Aeusserungen über die freundschaftlichen Ge-
sinnungen des Schreibenden Glauben beizumessen.

§. 66.

Vom Tode des Gesandten.

Mors ultima linea rerum est. Mit ihm erlöschen alle
menschlichen Würden, auch die Würden und Functionen des
Gesandten.

Aber für den verstorbenen Gesandten kann vor Allem
ein anständiges Begräbniss verlangt, und selbst dann,
wenn am Sterbeorte die Religion des Dahingeschiedenen kein
öffentliches Exercitium geniesst, die Beerdigung auf dem Kirch-
hofe einer anderen Confession, ob auch ohne Gepränge vorgenommen werden. Wird die sterbliche Hülle in die Heimath
des Gesandten geführt, um sie dort beizusetzen, so sind in
den Zwischenstationen die üblichen Stolgebühren nicht zu
entrichten.

Die Versiegelung der Papiere und Effecten des Verstorbenen und die Aufnahme des Inventars erfolgt durch

den Gesandtschaftssecretär, oder einen in der Nähe befindlichen
Gesandten oder Gesandtschaftsbeamten derselben Macht, oder
auch durch die Gesandtschaft einer befreundeten Macht, und
erst in Ermangelung der hier erwähnten Personen durch die
Behörden des fremden Staates, ohne dass diese nur aushülfs-
weise und selten eintretende Intervention als ein jurisdictioneller
Act angesehen werden könne.

Die Verlassenschaft des Gesandten ist als in seinem
rechtlichen Domicil, d. i. in seinem Vaterlande eröffnet anzusehen, und auch nach dessen Gesetzen bezüglich der berechtigten testamentarischen oder gesetzlichen Erben abzuhan-
deln. Nur die unbeweglichen, im fremden Staate belegenen
Güter des Verstorbenen können eventuell durch die fremde
Gesetzgebung betroffen werden, z. B. wenn in Gemässheit
derselben zur Besitzfähigkeit gewisse, von den Erben nicht
nachgewiesene Bedingungen oder Eigenschaften erforderlich
sind, in welchem Falle die Erben diese Realitäten an Besitz-
berechtigte veräussern müssten. War der Verstorbene Unterthan des beschickten Staates, so tritt mit dem Tode des Gesandten von selbst die Jurisdiction seines Souveräns über die
Verlassenschaft ein.

Das in's Ausland gehende Vermögen, welches aus dem
Nachlass eines Gesandten herrührt, unterliegt keiner Erb-
schaftssteuer, keinem Heimfallsrechte, keinem wie immer be-
nannten Abzuge.

Die Familie des verstorbenen Gesandten verlöre nach
strengem Rechte mit dem Tode ihres Hauptes alle gesandtschaftlichen Rechte, insbesondere das der Exemtion von der
Gerichtsbarkeit des fremden Staates. Aber es gebühren ihr
diese Rechte nach heutiger Gepflogenheit jedenfalls noch bis
zur Abreise in die Heimath. Zu dieser Abreise kann man ihr
auch, um Verzögerungen in's Unbestimmte vorzubeugen, einen
bestimmten Zeitraum festsetzen, nach dessen Verlauf die
Wittwe, Familie und Dienerschaft des Gesandten ebenso unter
die Gerichtsbarkeit des fremden Staates fällt, wie dies stattfindet, wenn sie ihren bleibenden Wohnsitz in demselben
nimmt oder in dessen Unterthansverband eintritt. Es versteht
sich übrigens von selbst, dass, so lange die Wittwe des
Gesandten oder deren Angehörige noch die Exterritorialität

geniessen, nicht etwa wegen der bei Lebzeiten des Gatten gemachten Schulden gegen sie der Arrest verhängt oder ihre Effecten mit Beschlag belegt werden können.

§. 67.

Schlusswort.

Unter Diplomatie im weitesten Sinne des Wortes versteht man die Wissenschaft von den äusseren Verhältnissen der Staaten. Der Name rührt daher, weil diese Verhältnisse zumeist auf Verträgen und Urkunden, Diplomen, beruhen. In dieser Auffassung wäre das Völkerrecht nur eine Zweigdisciplin der diplomatischen Wissenschaft, gleich der diplomatischen Staatengeschichte, d. i. der Geschichte der Wechselbeziehungen der Staaten zu einander u. s. w.

In der Regel aber und nach heutigem Sprachgebrauche versteht man unter Diplomatie als Disciplin die Lehre von dem Gesandtschaftsrechte, also nur einem Theile des Völkerrechtes, freilich einen der wichtigsten, da der internationale Verkehr hauptsächlich durch Vermittlung der Gesandten gehandhabt und aufrecht erhalten wird. Dass Diplomatie mit der Diplomatik, d. i. der Kunst, alte Urkunden zu lesen und auszulegen, nicht zu verwechseln ist, bedarf keiner näheren Erklärung.

Aber auch die Diplomatie kann als Kunst angesehen werden, insofern sie die Fähigkeit und Geschicklichkeit bedeutet, das richtige Verständniss der äusseren Verhältnisse der Staaten in praktischer Beziehung zweckmässig, zum Besten des Staates zur Anwendung zu bringen.

Die Diplomatie, von der theoretischen Seite als Wissenschaft, von ihrer praktischen Seite als Kunst betrachtet, beide ergänzen, unterstützen und durchdringen sich wechselseitig.

Die Routine allein erzeugt ebensowenig grosse Diplomaten, als grosse Männer in irgend einem Gebiete.

Der Dilettantismus, an sich vom Uebel, wird zur Gefahr, zum unabwendbaren Unheil für den Staat, der ihm die Leitung seiner äusseren Angelegenheiten, d. i. sein Schicksal, seine Zukunft anvertraut. „Die Kunst bleibt Kunst", wir

erinnern an Goethe's berühmtes Wort. Auch das glücklichste
Talent, wenn unmittelbar in Contact mit einer Welt compli-
cirter Thatsachen gebracht, vermag das Richtige nicht zu er-
schauen, wenn es alles Studiums, aller Vorbereitung bar ist.
Wie, jede Richtung socialer Thätigkeit, der Arzt, der Krieger,
der Bergmann bedarf wissenschaftlicher, fachlicher Vorbildung,
und nur der Diplomat, von dessen Thätigkeit oft Wohl und
Wehe von Millionen abhängt, soll allein solcher Vorbildung
nicht bedürfen, soll sich ohne weiteres medias in res stürzen?
    Wohl wissen wir, dass die Schule des Lebens die treff-
lichste Lehrerin ist. Gewiss. Aber soll so ein Gemeinplatz,
der eben in seiner Vagheit Alles und Nichts beweist, auch
etwa die Ueberflüssigkeit wissenschaftlicher Vorbereitung für
den Beruf des Diplomaten, und gerade des Diplomaten, be-
weisen?
    Die grossen Diplomaten, deren Namen die Geschichte in
ihre Jahrbücher eingetragen hat, die Dossat, de Torcy, Sir
William Temple, Trautmannsdorf, Kaunitz u. A. waren Männer,
tief bewandert in den Lehren des Völkerrechtes, in der Kenntniss der Staatsverträge, in der inneren und äusseren Geschichte
der Negociationen. Man braucht nur ihre Denkwürdigkeiten,
die wichtigsten Beiträge zur zeitgenössischen Geschichte zu
lesen, um sich davon zu überzeugen.
    Man schreibt bald Talleyrand, bald Chateaubriand das
Wort zu, die Zeit der Diplomaten sei vorüber, die der Consuln gekommen. Ein Körnchen Wahrheit liegt in dieser Behauptung. Die Bedeutung der Consuln — aber wir haben dabei
Berufsconsuln vor Augen — muss mit den zunehmenden
Handelsbeziehungen aller Staaten, in einer Zeit, wo Weltver-
kehr und Weltmarkt keine figürlichen Redensarten sind, wo
die Politik wesentlich mehr als je durch materielle Interessen
beeinflusst und bestimmt wird, allerdings steigen. Aber daraus
folgt nur, dass die diplomatische Vertretung ihrerseits den
Interessen des Handels und der Industrie um so grössere Auf-
merksamkeit zuwenden, auch in diesem Gebiete, und gerade
in diesem, sich tief eingehende, gründliche Kenntnisse aneignen
müsse. Es gilt vielmehr hier der Satz, dass, wenn schon der
Berufsconsul nur aus der Reihe tüchtig vorgebildeter,
theoretisch und praktisch erprobter Männer vom Fache gewählt

werden soll, diese Erfordernisse in um so höheren Grade an
den diplomatischen Vertreter des Staates gestellt werden
können, gestellt werden müssen.

Das Studium allein ohne den dasselbe befruchtenden
Geist und ohne die Schule der Erfahrung schafft noch keinen
Diplomaten, aber anderseits bildet, wie Heffter in seinem
„europäischen Völkerrechte der Gegenwart" trefflich bemerkt,
„das Leben allein, selbst in höherer Sphäre, höchstens Figuran-
ten. Voraussetzen muss man daher bei dem echten Diplomaten
ein Durchdrungensein von den Grundsätzen des Rechtes überhaupt, gründliche Kenntniss des europäischen Völkerrechtes,
der Verfassung der Staaten, der Weltgeschichte, Kenntniss
der Staatskräfte und die nöthigen linguistischen Fähigkeiten".

ALPHABETISCHES REGISTER.

Selbsthülfe 95.
Separatfriede 68, 98.
Separatfriede von Basel 145.
Servituten, s. Dienstbarkeiten.
Sclavenhandel 24.
Souverän, dessen Behandlung im Kriege 114.
Souveräne, als Subjecte des Völkerrechtes 35.
Souveräne, ihre privatrechtlichen Verhältnisse 39.
Souveräne, ihre Familie 38.
Souveränetät 3, 36.
Spione 111.
Sponsionen 63.
Sprache der diplomatischen Verhandlungen 157.
Staat, Begriff desselben 2.
Staaten, als Subjecte des Völkerrechtes 17.
Staaten, ihre Entstehung, ihr Untergang 17.
Staatenbund, völkerrechtlicher 19.
Staatenrecht (Völkerrecht) 3.
Staatensystem, europäisches, dessen Geschichte 12.
Staatenvereine 71.
Staatsverträge 55.
Städte, offene, Bombardement derselben 120.
Status quo ante bellum 146.
Strafgerichtsbarkeit über Fremde 29.
Strafgerichtsbarkeit über Gesandte 166.
Strandrecht 53.
Strompolizei 50.
Subditi foranei, s. Forense.
Subsidienverträge 58.
Subjecte des Kriegsstandes 105.
Subjecte des Völkerrechtes 16.
Sujets mixtes 27.
Sundzoll 47.
Superarbiter, s. Obmann.
Suspension d'armes 127.
Suzeränetät 18.

Suzeräne, ihr Verhältniss zu den halbsouveränen Staaten 18, 60, 58.
Territorialhoheit 24.
Thalweg 43.
Titel und Wappen, das Recht sie zu führen.
Tod des Gesandten 174.
Tractaten 66.
Türkei. Intervention der europäischen Mächte in ihre inneren Angelegenheiten 34, 35.

Ueberläufer, s. Deserteure.
Unverletzlichkeit der Gesandten. 162.
Union, der Staaten, persönliche, reale 18.
Universal-Herrschaft, (Dictatur) 22.
Unterfertigung von Verträgen 161.
Unterthanen des Staates, als Consuln fremder Mächte 152.
Unterthanen, zeitliche 25.
Unterthanschaft, ihre Erwerbung 25.
Unverletzlichkeit der Gesandten 162.
Usucapion (Ersitzung) 31, 41.
Usurpation (Zwischenherrschaft) 143.
Uti possidetis 146.

Verbalnoten 156.
Verbindlichkeit Dritter aus einem Vertrage 59.
Verbündete im Kriege 98.
Vergiftung, unerlaubtes Mittel der Kriegführung 109.
Verjährung 31, 41, s. auch Usucapion.
Verkauf von Prisen 136.
Verkehr der Staaten, gegenseitiger 23.
Verlassenschaft des Gesandten 174.
Verletzung über die Hälfte, siehe Laesio enormis.
Verlust der Souveränetät 39.

Druck von Adolf Holzhausen in Wien
k. k. Universitäts-Buchdruckerei.

www.ingramcontent.com/pod-product-compliance
Lightning Source LLC
Chambersburg PA
CBHW030837270326
41928CB00007B/1100